基础教育与教学发展研究

王笑寒·著

吉林出版集团股份有限公司
全国百佳图书出版单位

图书在版编目（CIP）数据

基础教育与教学发展研究/王笑寒著. -- 长春：吉林出版集团股份有限公司，2022.12
ISBN 978-7-5731-2269-8

Ⅰ.①基… Ⅱ.①王… Ⅲ.①基础教育—研究—中国 Ⅳ.①G639.2

中国版本图书馆CIP数据核字(2022)第173450号

JICHU JIAOYU YU JIAOXUE FAZHAN YANJIU
基础教育与教学发展研究

著　　者	王笑寒
责任编辑	宫志伟
装帧设计	王素霞

出　　版	吉林出版集团股份有限公司
发　　行	吉林出版集团社科图书有限公司
地　　址	吉林省长春市南关区福祉大路5788号　邮编：130118
印　　刷	唐山富达印务有限公司
电　　话	0431-81629711（总编办）
抖音号	吉林出版集团社科图书有限公司　37009026326
开　　本	787 mm×1092 mm　1/16
印　　张	11.75
字　　数	250千
版　　次	2023年1月第1版
印　　次	2023年1月第1次印刷
书　　号	ISBN 978-7-5731-2269-8
定　　价	58.00元

如有印装质量问题，请与市场营销中心联系调换。0431-81629729

前 言
Preface

一个国家的持续发展，其稳固的基石是教育的高质量发展；一个民族的伟大复兴，其重要的前提是教育的全局性振兴。重视教育就是重视未来，重视教育才能赢得未来。教育作为提升我国综合国力的重要手段，在整个社会发展进程中，需要我国党政工作者全面提高对教育教学问题的重视程度，积极做好对教育事业的宏观调控，确保我国教育事业的发展能够迎合时代发展要求，符合我国社会发展的实际需求，为我国教育工作的可持续发展奠定基础。

改革开放以来，我国基础教育改革取得了巨大成就，基础教育的改革极大地促进了经济和社会的发展。基础教育管理体制改革也随着政府机构改革不断深化，不断向前推进。本书围绕基础教育的基本理论，全面提高学习者的教育教学理念，正确把握基础教育的基本精神，整合基础教育的理论与实践。基于这一思路，主要聚焦基础教育与教学发展研究，其中包括基础教育的基本理论、基础教育的科学研究与发展、基础教育的改革与课程整合、基础教育质量的综合评价和教师的专业发展。每个研究都具有较高的学术性和专业性，围绕教师、学生、学科教学等具体问题进行了深度的探讨，视角新颖、论证严谨，旨在帮助学习者理解和掌握基础教育改革的基本理论，了解基础教育改革与发展的基本历程和基本趋势，学会反思和研究基础教育的核心问题。

本书在写作过程中参考、引用了国内外相关研究成果和文献资料，在此对这些著作权人和作者表示深深的敬意和感谢！

期望本书能给蓬勃发展的基础教育事业注入新的活力，也希望能给读者些许启迪。我们愿意将自己还显稚嫩的研究与同人共享，由于作者水平有限，书中疏漏及不妥之处在所难免，希望大家不吝赐教！

目 录
Contents

第一章 基础教育的基本理论

第一节 人的全面发展理论 …………………………………… 1

第二节 素质教育理论 ………………………………………… 5

第三节 教育现代化理论 ……………………………………… 33

第二章 基础教育的科学研究与发展

第一节 基础教育的科学研究 ………………………………… 42

第二节 基础教育的均衡发展 ………………………………… 48

第三节 促进基础教育公平的方法 …………………………… 57

第四节 提高基础教育质量的方法 …………………………… 71

第三章 基础教育的改革与课程整合

第一节 基础教育新课程改革 ………………………………… 97

第二节 基础教育课堂的教学改革 …………………………… 102

第三节 指向核心素养的课程整合发展 ……………………… 110

第四节 学科核心素养与学科教学的创新 …………………… 118

第四章 基础教育质量的综合评价

第一节 基础教育质量综合评价的概述 ……………………… 129

第二节　基础教育质量综合评价体系的构建 …………………………… 136

　　第三节　基础教育质量评价体系的结果应用 …………………………… 143

第五章　教师的专业发展

　　第一节　教师专业化的过程与要求 ……………………………………… 148

　　第二节　教师的校本发展 ………………………………………………… 154

　　第三节　教师专业发展的阶段 …………………………………………… 162

　　第四节　在线教师专业发展 ……………………………………………… 170

参考文献 ……………………………………………………………………… 180

第一章 基础教育的基本理论

第一节 人的全面发展理论

马克思主义关于人的全面发展理论既是政治理论,也是教育理论,一直是我国教育理论研究和教育实践发展的重要指导思想。准确理解马克思主义关于人的全面发展理论的内涵,对基础教育改革具有重要价值。

一、马克思、恩格斯关于人的全面发展理论

(一)马克思、恩格斯关于人的全面发展的内涵

人的全面发展的内涵,是马克思主义人的发展学说中的根本性的问题。马克思、恩格斯关于人的全面发展理论主要集中在《在爱北斐特的演说》《德意志意识形态》《共产党宣言》《哲学的贫困》《共产主义原理》和《资本论》等著作中,其核心思想主要有如下内容:

第一,马克思、恩格斯针对"片面的人"和"畸形发展"提出了人的"全面发展"和"自由发展"。"只隶属于某一个生产部门,受它束缚,听它剥削,在这里,每一个人都只能发展自己才能的一方面而偏废了其他各方面,只熟悉整个生产的某一个部门或者某一个部门的一部分。"

第二,马克思、恩格斯认为,造成人片面发展和畸形发展的根源是生产力不发达状态下造成的智力与体力分离的"旧分工"和"私有制"。

第三,全面发展的人是"用适应于不断变动的劳动需求而可以随意支配的人,来代替那些适应于资本的不断变动的剥削需要而处于后备状态的、可供支配的、大量的贫穷工人人口",是"把不同社会职能当作互相交替的活动方式"的人。其中,所谓"社会职能",当然主要是指劳动职能,不过马克思、恩格斯并

没有把它限定为物质生产劳动职能，也没有限定为劳动职能。此外，全面发展的人还是"更加需要才能得到全面发展、能够通晓整个生产系统的人"，即人的劳动能力的全面发展，也就是列宁所说的"会做一切工作的人"。

第四，马克思、恩格斯认为，只有消灭了旧式分工和私有制，再通过大工业生产使生产力高度发达，实现共产主义社会，人才能实现全面自由发展。在共产主义社会里，"任何人都没有特殊的活动范围，而是都可以在任何部门内发展，社会调节着整个生产，因而使我有可能随自己的兴趣今天干这事，明天干那事，上午打猎，下午捕鱼，傍晚从事畜牧，晚饭后从事批判，这样就不会使我老是一个猎人、渔夫、牧人或批判者"。

第五，教育与生产劳动相结合是培养全面发展的人的唯一途径。马克思说："正如我们在罗伯特·欧文那里可以详细看到的那样，从工厂制度中萌发出了未来教育的幼芽，未来教育对所有已满一定年龄的儿童来说，就是生产劳动同智育和体育相结合，它不仅是提高社会生产的一种方法，而且是造就全面发展的人的唯一方法。"

第六，马克思、恩格斯关于人的全面发展理论不是从教育角度提出的，而是其共产主义学说的重要组成部分。共产主义社会中的人是全面发展的人，实现人的全面发展是建设共产主义的必然要求。他们认为，共产主义者的目的是"建立这样的社会：使社会的每一个成员都能完全自由地发展和发挥他的全部才能和力量，并且不会因此而损害这个社会的基本条件"。

（二）关于人的全面发展理论的理解

学界对马克思、恩格斯关于人的全面发展理论始终存在着不同的理解与争议，但是不管怎样理解，我国坚持人的全面发展的方向一直都非常明确。主要理由如下：

第一，马克思、恩格斯关于人的全面发展理论继承了古希腊哲学、人文主义、空想社会主义关于人的"身心既善且美""身心和谐发展"和"全面发展的人"的思想，将人的全面发展作为共产主义的重要目的与实现途径，反映了马克思、恩格斯对人的重视与热爱，体现了革命导师的人本思想，反映了人与社会发展的一致性，代表了绝大多数人的发展愿望，是人发展的理想境界。

第二，马克思、恩格斯关于人的全面发展理论是马克思、恩格斯从当时工场手工业的生产实际出发，结合共产主义社会理想提出的人的发展的应然状态，而不是关于学校教育的理论，不能用来生硬地规范学校教育，特别是基础教育。例如，把"生产劳动与智育和体育相结合"当作学校培养全面发展的人的唯一方法，对于基础教育来说是行不通的。

第三，列宁把全面发展的人理解为"会做一切工作的人"可能是过于理想化了。就目前生产力发展水平、社会分工和专业化进一步加强的现实来看，这样的人至少通过学校教育是难以培养出来的。人类知识越来越多，职业分工越来越细，而人的生命是有限的，即使将一辈子都投入学习与工作，也难以学会做一切工作，而且，一个人也不需要做一切工作。

第四，全面发展不是一个马上就能够实现的具体指标，而是一个引领人发展的正确方向，是与共产主义社会相一致的个人发展的宏观愿景，只要坚持社会主义和共产主义的社会理想，就应该坚持人的全面发展的教育理想，这也是我国教育政治意义上的教育方向。

第五，关于人的全面发展的内涵主要有四种解读：一是从广度上解读，即人的各个方面能力、素质的全面发展；二是从个性和谐的维度解读，即人个性的和谐发展；三是从潜能的充分开发利用的角度解读，即人的充分发展；四是从社会为人的发展提供自由的环境与条件来解读，即人的自由发展。这四种解读都有一定的道理，都与马克思、恩格斯关于人的全面发展思想相符。

从马克思、恩格斯的著作原文、社会发展需求，以及人的发展现实性上综合思考，将马克思、恩格斯关于人的全面发展理论理解为人的能力的全面发展、人的个性的和谐发展、人的潜能的充分发展和人的自由发展，既符合马克思、恩格斯的本意，也更能发挥这一思想的指导作用。

二、全面发展教育的困惑与选择

正如马克思所说："人的本质并不是单一个体内在固有的抽象物。在其现实中，它是一切社会关系的总和。"人生活于社会之中，其发展程度与社会发展水平关系密切。处在社会主义初级阶段的中国教育，必须坚持社会主义的先进性，勇于追求人全面发展的理想境界，同时也要理智地认识到我国社会主义初级阶段生产力还不够发达、文化水平还不够高、人的发展条件还不够充足等客观实际，因时因事因人因地制宜地培养人。既要坚持教育理想，又不能脱离实际，为了全面发展而过于追求"面的广度"；既要最大限度地为全面充分的发展努力，又不能让"全面发展"影响到学生自然有效的成长和健康幸福的正常生活。

（一）在总体上还难以全面实现马克思所说的全面发展的条件

党的十九大报告指出，中国特色社会主义进入新时代，我国社会主要矛盾已经转化为人民日益增长的美好生活需要和不平衡不充分的发展之间的矛盾。但这没有改变我们对我国社会主义所处历史阶段的判断，我国仍处于并将长期处于社会主义初级阶段的基本国情没有变，我国是世界最大发展中国家的国际地位没有变。在社会主义初级阶段，解放生产力、发展生产力仍然是最大的任务，又好又快地推进经济建设、政治建设、文化建设、社会建设和生态文明建设是每个人的使命。在日益专业化的今天，一个人要达到能够就业并具有胜任力和竞争力的程度，至少要经过数年的专业学习。一个人要做好一项工作已经不容易，学会做一切工作是不可能的。

仅就"德智体美劳全面发展"来说，在社会主义初级阶段，要想使全体学生德智体美劳五个方面都达到很高的程度也是有难度的。我们的教学条件、师资水平以及我们对人脑、对人格、对教育教学规律和社会主义的认识等，都还有待深化。不论是品德方面的全面发展、智力与知识方面的全面发展、身体方面的全面发展，还是有关美的理解、美的情感、美的表达和美的创造方面的全面发展，以及劳动观念、劳动能力的全面发展，都需要丰富的资源、时间和精力才能实现，而这些都是十分宝贵和有限的。

（二）促进人的全面发展始终是基础教育的美好理想与价值追求

人的全面发展与所需资源、时间和精力的有限性虽然存在着矛盾，但这并不影响我们对人的全面发展理想的追求，也不应该由此否定人的全面发展理论对教育的指导作用。如果放弃了全面发展的理想与追求，在既得利益和工具理性的支配下，马克思坚决反对的"片面发展"和赫伯特·马尔库塞（Herbert Marcuse）所说的"单向度人"就会在社会分工和专业化趋势日益强化中更加严重与流行，许多现代技术与制度就会成为压制人、分裂人、异化人、摧残人的工具，人的解放、人的自由、人的幸福不仅不会增加，反而会渐行渐远，乃至把人沦为科学技术、现代工具与现代分工的奴隶，最终失去自由、丧失健康、远离幸福、背离教育与发展的目的。所以，我们既要坚定不移地追求人的全面发展，又要实事求是地面对社会主义初级阶段的需求与具体条件，科学地设计人的发展目标与教育教学目的。

（三）不宜过于追求"面"的拓展，而要更注重个性的和谐与健康

在现实生活中，存在一种对人的全面发展的庸俗理解，那就是把全面发展理解为"什么都学，什么都会，什么都好"，而且将学习局限于知识与技能，逼学生学习方方面面的知识，练习各种各样的技能，在学校课程之外，参加各种文化课程的补习班或超前学习班、艺体培训班、特长班等，不顾学生的兴趣、爱好、体验等非智力因素和人格的健全与和谐发展，也不管学生的智能优势倾向与身体承受能力，一味地追求知识与技能的"面"，将全面发展等同于知识与技能面的拓宽，忽视了人格培养、思想品德、身体健康、独立性、创造性、合作能力、社会适应能力、反思能力等重要品质，积极向上的心态、良好的学习与生活习惯、健康的兴趣爱好比知识与技能更重要，因此，基础教育应将知识与能力、智力与非智力、兴趣与爱好、品德与健康等素质统筹兼顾加以引导与培养，这是社会主义初级阶段人的全面发展更重要的内涵。

（四）教育既要坚持理想又要实事求是

马克思主义辩证法与科学发展观都要求我们将坚持人的全面发展的理想与满足社会主义初级阶段社会与人的发展需求统筹兼顾，而不能走极端，只取其一，不顾其他。既不能过于强调"什么都学，什么都会"，不顾实际学习效果和学生感受，走向教条主义，而影响正常的学习与生活；也不能"唯条件论"，以社会主义初级阶段条件有限为借口，放弃对全面发展的追求，走向工具理性主导的实用主义。人的和谐发展、自由发展、充分发展、全面发展始终是人类解放与幸福的正确方向，不论是社会主义初级阶段还是将来的高级阶段，都要依据条件，充分开发各种资源，为实现这一美好理想而努力奋斗。

第二节　素质教育理论

素质教育是当今社会所使用的高频词汇。为了更好地适应社会主义初级阶段社会发展与人生幸福的需求，由我们自己创造的具有中国特色的教育思想——素质教育，是马克思主义关于人的全面发展理论在中国社会主义初级阶段的具体化和中国化，是中国特色社会主义理论的教育篇，是中华民族走向未来、实现伟大中国梦的教育旗帜，是中国社会主义初级阶段教育改革与发展的主题，也是指导

中国基础教育改革的重要教育思想。

一、"素质"的含义与重要作用

"素质"中的"素"原本是指"白色的生绢",如"素丝",又指"白色或单纯的颜色",后引申为"构成事物的基本成分",如"元素"。"质"原义为"质地",后引申为"事物的根本特点",如"品质"。二者合在一起指"人或事物在某些方面的本来特点和原有基础"。在《现代汉语词典》中,"素质"一词的解释有三个:

(1) 事物本来的性质。
(2) 素养。
(3) 心理学上指人的神经系统和感觉器官上的先天的特点。

在教育学中,素质不仅指先天的解剖生理特点,也包括在后天影响下生成的品质。用一句话来说,素质教育中的"素质"就是指人相对稳定的决定其心理和行为的内在品质与结构,也就是决定一个人是什么样的人和能成为什么样的人的内在品质。素质是知识、技能、情感态度和外显行为背后的东西。例如,会唱歌、能演奏小提琴是技能,而不是素质。素质是促使此人能学会唱歌和演奏的内在品质,如对音乐的兴趣、节奏感、旋律感、坚持练习的毅力等。

人的素质既是人发展的前提与基础,又是决定人发展的程度与整体水平以及品质的根本。人与人之间的差别主要是素质上的差别,具体表现在各种素质的有与无、多与少、强与弱以及素质的整体结构四个方面。其中,素质的结构是决定一个人思想、情感、能力和行为的内在因素。培养人的素质就是帮助人通过自己的努力,使优良素质从无到有、从少到多、从弱到强,并形成最佳的素质结构。

二、素质形成与培养的基本规律

根据观察与研究,人的素质的形成与培养具有以下规律:

(一) 素质的自生成规律,即自生成律

生成素质是自己的事,而不是他人的事。生成素质的主体是自己,而不是他人。但这并不是说不需要教师,他人给予的只是相关影响,而不是素质本身。也就是说,教师不能给予学生素质,只能帮助学生形成素质,培养学生的素质,一

定要尊重学生的主体地位。

（二）人的活动决定素质生成规律，即活动决定律

就像人过什么生活就受什么教育一样，人进行什么活动就生成什么素质。活动不是单纯的主观行为，而是客观影响与主观反应的结合，人的素质就是在人与客观影响相互作用的活动中形成的。正如毛泽东所说，人们在改造客观世界的同时也在改造着自己的主观世界。于是，人在成功的活动中形成自信，在友爱的活动中产生爱心，在愉快的活动中形成兴趣，在细致与严谨的活动中练就细心，在克服困难的活动中锻炼毅力，在民主与自由的活动中产生创造性。欲培养学生什么素质就组织学生开展什么活动，创新素质只能在创新活动中才能形成，实践能力只有在实践活动中才能提高。活动不仅决定着素质的质量，同时也决定着素质的数量。在丰富的活动中形成全面的素质，在单调的活动中形成片面的素质。欲全面培养学生的素质，必须从丰富学生的生活开始，教学必须保证活动内容的丰富性。

（三）素质发展的渐进性与突变性相结合的规律，即渐进与突变的结合律

人的多数素质具有相对的稳定性，是人在亲历的活动中通过直接经验或者间接经验缓慢形成的，一般都不是一朝一夕之间形成。但有时也有突变发生，特别是一些突发事件，容易导致激烈而快速的活动，从而引起素质的突变。

素质培养要有长远计划，特别是中小学教育，一定要为学生的终身发展打下全面而坚实的基础，课程设计一定要有系统性和相关性，以便教师能组织系列化的、有一以贯之精神的、丰富多彩的教学活动。同时，教学中一定不能忽视偶发因素，要注意突发事件和重要事件的影响力与教育作用。

（四）素质形成中先天因素与后天因素共同作用规律，即先天与后天的共同作用律

遗传因素对人的素质的形成有着相当大的作用，人后天的一切发展都是在先天遗传基础上形成的。人的后天努力对素质的形成有着巨大的作用，既可以充分利用遗传素质使它发展壮大，也可以压抑遗传素质的成长，甚至泯灭它，同时还可以在已有素质的基础上培养新的素质。可以说，人的先天条件和后天努力共同决定了人的素质发展水平。

培养学生的素质，不仅要尊重遗传的先天基础，更要充分发挥后天努力的巨大作用。不尊重先天的遗传，就会事倍功半；后天不努力，再好的遗传也将一事

无成。对于正常人来讲，人的潜能是巨大的，只要用心开发，人人都能形成优秀的素质。

（五）素质的有效结构决定其功能的规律，即有效结构决定律

素质的形成，一方面指单项素质由无到有、由少到多、由弱到强的过程，另一方面指多种素质协调发展，能够随时组成有效结构，并对外界需求做出恰当而有效的反应的过程。判断与检验素质是否形成的标准是人能否做出恰当的反应和行为，而决定人能否做出恰当反应与行为的主要因素不是人的单项素质，而是由相应素质组织起来的素质的有效结构，或者称"素质联合体"。最基本的结构至少由两种素质组成，即智力素质和非智力素质，这二者也是由多种素质构成的。

培养人的素质，不仅要关注人的单项素质的培养，更要在素质的有效结构上下功夫。"木桶原理"告诉我们，一个木桶的盛水量取决于最短一块木板的高度。在素质的有效结构中，如果有一个方面的素质很差，那么，这个结构的功能就会减弱，这个人在相应的情境中就不会有令人满意的表现。所以，要特别注意学生才能与个性的和谐发展，避免片面的发展。特别是在中小学阶段，学生是发展中的人，未来有无限可能，应该在尊重学生兴趣和爱好的前提下，让他们获得全面和谐的发展。但是，全面发展不是绝对的，也不是什么都会、什么都知道。人的生命的有限性决定了人的发展必然是有限的，人没有必要也根本做不到掌握所有的知识、会做所有的事情。正如美国著名心理学家罗伯特·斯腾伯格（Robert J. Sternberg）"成功智力"理论指出，没有人百事皆通。

三、素质教育的内涵

素质教育是我国教育界的本土化概念，是20世纪80年代末因改革应试教育而提出的新概念，多年来并没有明确的官方定义，较长一段时间里，人们提起素质教育，想到的就是两件事：一是素质教育是比应试教育更全面的教育，二是教育改革由应试教育走向素质教育。这种理解到底是否正确，我们先来看看什么是素质教育。素质教育是以人为本，以提高民族素质为宗旨，以立德树人为引领，以全面培养学生的当代优秀素质为直接目标，以培养学生的社会责任感、创新精神和实践能力为重点，努力培养德智体美劳全面发展的社会主义建设者和接班人的教育。

第一，素质教育是以人为本、反对以考试为本的教育，把尊重人、热爱人、

相信人、依靠人、发展人、满足人的健康成长与合理需求，促进人积极健康和谐发展作为办学的根本任务，把尊重人的成长发展规律、尊重教育规律当作教育教学的最基本原理，"以凝聚人心、完善人格、开发人力、培育人才、造福人民为工作目标"。

第二，素质教育要以立德树人引领全面素质培养。立德树人是教育的根本任务，发展素质教育要坚定不移地坚持"德育为先"，进一步加强理想信念教育，加强社会主义思想品德教育，加强社会主义核心价值观教育，加强中华优秀传统美德教育，加强劳动教育。

第三，民族素质的整体提高只有通过培养每一个学生的素质才能实现，而且培养的素质必须是当代优秀素质，而不是什么过时的或者是遥远未来的优秀素质，是能够完成当代中国社会主义新时代建设和发展任务，并能够给人民带来幸福的优秀素质。只有这样，才能真正达到提高民族素质的目的。爱护生命、激扬生命、壮大生命、积极进取、乐观向上，最大限度地激发学生的生命潜能，拥有高效能的积极人格底色，使学生努力成就最好的自己，是素质教育的根本点。

第四，现阶段的素质教育以培养社会责任感、创新精神和实践能力为重点。以培养社会责任感、创新精神和实践能力为重点，具有极其重要与特别的意义。一是这三种素质是时代的呼唤和现代化建设的迫切需求；二是有了重点以后，思想就有了主题，工作就有了重心，实施素质教育就有了很好的"抓手"和突破口；三是这一重点的确定赋予素质教育以创新性，使素质教育超越了以接受和应答为主要特点的知识守成教育，成为以创造性继承和创新性活动为主要特点的创新教育。

第五，究竟应该提高民族的哪些素质，优秀素质以什么为标准，为学生提供怎样的课程，如何帮助学生提高素质？这就需要从人的需求出发，从国家建设和实现中国梦的需求出发，以能够满足人的发展和幸福需要、能够满足国家和民族的繁荣富强与可持续发展需求为标准来判断、设计与选择。核心优秀素质内容至少包括五个部分：

1. 以社会主义核心价值观为灵魂，把社会主义核心价值观教育融入各级各类教育的全过程之中。

2. 以德智体美劳的有机统一为基本结构，既不无边界地扩大，也不狭隘地窄化。

3. 以社会责任感、创新精神和实践能力为重点，在各个阶段、各科教学和各种活动中加强这三项重点素质的培养。

4. 以培养健康、积极的人生态度和高效能的行为习惯为人格底色，使学生的各项素质在积极价值观的指引下生成有机的蓬勃发展的积极人格。

5. 以满足时代需要、社会需求和增进人的幸福为原则制定适合各个阶段、各个方面的具体培养目标，依据学生的个性品质、兴趣爱好与可接受程度，因人施教，科学实施，并依据反馈信息不断完善。

第六，素质教育作为一种先进的教育思想，是与时俱进、不断丰富完善的。素质教育永远是一个开放的理论体系，必须及时吸纳世界上最新的研究成果，不断创造出适合时代需要、反映教育教学发展规律的新思想、新内涵。

第七，素质教育是在人的全面发展思想指导下产生的，与全面发展教育在理想与本质上是完全一致的。素质教育是马克思主义关于人的全面发展理论与中国具体实际相结合的产物，是人的全面发展理论在中国社会主义初级阶段的具体运用与表现，是中国特色社会主义初级阶段人的全面发展理论的具体体现，是对人的全面发展理论的丰富与发展。人的全面发展理论是素质教育的理论基础与指导思想。在中国现阶段，实施素质教育就是在有效地促进人的全面发展，就是在基础教育改革中千方百计地有效推进素质教育，更加科学有效地提高民族素质。

第八，素质教育是为了改革"应试教育"倾向而提出的一种先进教育思想，但它并不反对考试和应试。考试和应试是教育教学的必要手段，而不是目的。在素质教育中，考试和应试都是为更好地培养学生素质服务的。有两个误区需要澄清：一是认为素质教育与"应试教育"并不对立，而是相融的两种教育。这是不对的。素质教育从诞生的那一刻起，就以反对、改革"应试教育"倾向为努力方向，甚至可以说，素质教育就是为了替代"应试教育"而生的，如果认识不到这一点，就抓不住素质教育的根本、看不到素质教育的根本使命与改革特征，就会将素质教育庸俗化。在这一点上，决不能妥协与动摇。二是认为素质教育反对考试，要以发展性评价替代考试，甚至取消考试。这种误解混淆了目的与手段、考试与评价的边界和功能，是对考试和评价的误解。素质教育以提高民族素质为宗旨，考试和评价是可以运用于任何教育思想与教学模式中的教学手段，其主要功能是获取教学反馈信息。"应试教育"的问题不在于使用了考试这一手段，而在于将这个手段不恰当地当作了教学的唯一目的，将考试的结果——"分数"当成了唯一的评价手段。在应试教育中"一切都为了应试"，只教升学考试要考的内容，不教不学升学考试中没有的内容，私自更改国家的教学计划，无视学生的身心健康，将考试无限制地提升到不应有的位置，导致了教育教学的异化，偏离了党和国家的教育方针与教育的本真。

素质教育也需要不断地获得教学的反馈信息，也需要开展各种教育评价，考试是最方便实用的一种评价形式，因此，素质教育也需要考试为素质教育的实施提供明确的改进方向。发展性评价是一种评价理念，旨在运用评价促进发展，比较重视过程评价、积极评价和增值性评价，是素质教育倡导的评价理念。但发展性评价与考试不是对立的，发展性评价也可以采用考试这一形式。那么是否能取消考试呢？回答是既不必要也不现实。一是考试既能及时获得反馈信息，又能完成人才选拔任务，已经存在了千余年，自然有存在的价值和意义，而且目前还找不到能够替代考试的其他方法；二是考试在任何国家都存在，是任何教育都离不开的一种客观有效的手段。问题的关键不在于考试，而在于我们怎样运用考试。我们的问题是将考试放在了不恰当的位置上，而不是要不要考试的问题。甚至可以说，如果取消考试，教育的质量不仅不能提高，反而会下滑，甚至在公平、质量与正常教学秩序方面出现更大的问题，这是国家决不允许发生的现象。

四、充分发挥素质教育理论的指导作用

素质教育是教育界四十多年改革开放先进经验的结晶，是中国特色社会主义理论的教育篇，是马克思主义关于人的全面发展理论在当代中国教育领域的具体化，是中国基础教育改革和发展的指导性理论。尽管这一理论还处于不断丰富与完善的过程之中，但其指导地位是不容动摇的，特别是在学术思想和方法论方面更应如此。目前，虽然人人皆知素质教育，但是素质教育理论的指导地位并没有得到有效落实，素质教育理论的指导作用并没有得到充分发挥，亟须进一步加强。

（一）将素质教育理论的指导地位写入国家的法律文件

尽管中共中央国务院已经颁布了《关于深化教育改革全面推进素质教育的决定》，要求"全党、全社会共同努力开创素质教育的新局面""全面推进素质教育"，但是却没有"以素质教育理论为指导"的字样与论述。其原因可能有二：一是素质教育理论还不完整，甚至说还不存在一个独立的自成体系的"素质教育理论"；二是将素质教育理论与贯彻党的教育方针政策混淆了，错误地认为，只要全面贯彻党的教育方针、执行各项教育政策就是实施素质教育了。其实，方针政策代替不了理论思想的作用，方针政策缺少理论的系统性、原理性、逻辑性与科学性，难以真正地转变教师思想，使其自觉地树立素质教育理念，创造性地实

施素质教育。因此，有必要将素质教育理论确定为我国教育改革的指导性理论，并写入法律文件。《关于深化教育改革全面推进素质教育的决定》提到："全面推进素质教育，根本上要靠法治、靠制度保障。"

（二）加强素质教育理论研究，促进素质教育思想的理论化和体系化

素质教育在一些重点环节上有重大突破，在一些地区取得明显成效，但是素质教育也存在明显的问题，例如，在有些地方"素质教育喊得轰轰烈烈，应试教育抓得扎扎实实"。之所以存在这种现象，主要原因有五个：第一，社会经济文化多种因素综合形成了强大的升学竞争压力，社会、学校和家庭片面追求升学率的倾向仍然相当普遍；第二，当代青少年成长环境急剧变化，学校教育以及传统的教育方法难以适应；第三，教育总体水平仍然偏低，体系结构调整相对滞后，在宏观上制约了素质教育的推进；第四，实施素质教育的相关制度建设还不完善，各项政策措施的推进面临诸多体制性障碍；第五，一些地方对教育工作的领导方式有待改进，新闻媒体的正面宣传导向作用需要加强。从整体上考察，以上原因都客观存在，解决这些问题也不是短时间内能够完成的。但除了这些因素以外，素质教育理论研究不到位、没有科学系统的素质教育理论也是非常重要的原因，因而存在严重的形式主义，难以从根本上改变教师和校长的教育观念与教育思维方式，实际工作中追求分数的片面的功利化的指标没有改变。因此，有必要大力加强素质教育理论的专业研究和教师结合工作问题的行动研究，尽快形成具有中国特色和符合中国实际的素质教育理论。

（三）用素质教育理论充实和更新教师教育课程

我国的教师教育改革明显落后于社会发展和基础教育改革的步伐，以至于在素质教育推行多年以后，师范院校开设的课程仍然没有凸显素质教育的要求，素质教育研究仍然停留在个别学者的课题研究层面和纸质的政策文件之上。要想提高素质教育的实效性，就必须切实改革教师教育的课程与培养方式，最基本的就是用素质教育理论充实与更新教师教育课程，深入开展教师教育课程与教学改革，从教师教育的源头上改进素质教育。

（四）加大素质教育理论的普及力度，用素质教育理论武装每一位教师

基础教育课程改革中的教师培训一直是党和国家非常重视的工作，近些年推出了"国培""省培"等多种培训形式，甚至提出了"培训先行"的要求，但是

培训中仍然存在着"就事论事""重方法轻价值观,重操作轻理论原理""重早日完成任务,轻真正解决实际问题"等倾向,使得很多培训走形式、走过场,达不到预期目的。这与素质教育理论不系统、不具体,指导地位不突出,指导力度不强有关,也与理论普及力度不大、不求实、不彻底有关。教师头脑中的观念并没有变,素质教育的理念与信仰并没有确立起来,价值观和教育教学思维与方法还是过去那一套,没有系统的素质教育理论指导教师的教学行为和教学改革创新,自然就会"穿新鞋走老路"。所以,加大素质教育理论的普及力度,实事求是,真抓实干,是深化我国基础教育改革躲不过去的一道坎,无论多难也要坚定不移地走下去。

(五)及时总结先进的教育改革经验,不断充实素质教育理论

改革开放以来,我国基础教育领域可以说是百花齐放,涌现出很多有价值的教改经验,对此应给予高度重视,并及时地开展教育经验研究,进一步抽象概括升华为素质教育的新概念、新思想与新方法。例如,"生命·实践"教育学派的探索以及表现性学习、研究性学习、体验性学习、深度学习、小班教学、翻转课堂、人格教育、项目式学习等试验与探索都存在着值得提升到素质教育一般规律的思想与做法。要做到这一点,需要进一步加强教育研究工作者,特别是师范大学与广大中小学的密切联系,也需要相关教育专家和广大教师在理论与实践方面加强创新,进行理论升华,开展深入系统的素质教育理论建构与完善研究。

(六)积极借鉴国外相关科学研究的新成果,大力推进教育理论创新

在新一轮基础教育课程改革中,我们借鉴了国外一些科学研究成果,包括建构主义、教育信息化理论、多元智能、脑科学研究、成功智力、基础学力说、综合实践活动、对话式教学、研究式学习、有效教学、后现代教育思想、档案袋评价、发展性评价等思想与经验。美国提出的 STEAM 理念,即科学(science)、技术(technology)、工程(engineering)、数学(mathematics)、艺术(arts)的首字母,是基于标准化考试的传统教育理念的转型,为了加强在孩子科学、技术、工程、艺术以及数学领域的教育,鼓励孩子们在这些领域发展和提高,培养孩子的综合素养,从而提升其竞争力。我们的素质教育可以引进这些成果,大力推进理论创新。

(七)进一步提高素质教育理论创新的信心、勇气、能力与包容度

我们的学校教育曾经"一穷二白",先后学习日本、欧美、苏联的教育理念

和教学方法。这种传统可能使我们养成了对外国教育理论的过度依赖。有人对素质教育是不是教育理论表示怀疑，也缺少将素质教育理论进一步完善的信心。这种现象虽然可以理解，但不利于素质教育理论的完善与创新。尤其需要特别强调以下四点：首先，要树立信心，下决心将素质教育理论提升为具有中国特色、中国风格和中国气派的当代教育学理论；其次，要有教育理论创新的勇气，并采取科学、踏实的方式方法，各尽所能地开展素质教育理论探索；再次，要进一步解放思想、扩大视野、多元思考，提高教育理论创新能力；最后，对素质教育已有的研究、观点、试验和成果，要采取包容的态度，鼓励大家发表观点，让不同学说在实践中接受检验，不断完善素质教育理论。

五、素质教育的阐述

基础教育改革与素质教育是形式手段与内容的关系，基础教育改革是素质教育的推进形式与实施手段，素质教育是基础教育改革的指导性理论与实施内容。研究和实施素质教育必须理解和掌握素质教育的基本特征与基本原理，素质教育只有采取科学有效的推进策略，才能取得真实的效果。

（一）素质教育的性质

深化教育改革，实施素质教育，前提是加深对素质教育的认识，理解素质教育的性质，认同素质教育的理念与追求，这也是素质教育理论应该做出的回答。从素质教育的发生发展过程及其现状和肩负的使命来看，我们至少可以从以下12个维度来把握素质教育。

1. 改革性

素质教育是以提高受教育者诸方面素质为目标，是为了改革应试教育而提出的一种更适合社会和个人需要的理想教育形态。也就是说，素质教育从出生那一刻起就是一位"改革者"，就带着反对应试教育的基因。"应试教育"是一个专有名词，用来描述我国教育在20世纪70年代末开始出现，到80年代日益明显，90年代仍然盛行，21世纪以后有所改变，但仍然在部分地区和学校实实在在地存在的一种只重升学考试、不顾其他的教育现象。这一现象的最大特征就是一切为了升学，教学方法简单枯燥，死记硬背大行其道，以考试分数和升学率作为唯一的评价标准，造成了教育的畸形发展和大量的社会问题，引起了国家和社会的高度重视。为此，1983年12月教育部发布了《关于全日制普通中学全面贯彻党的教育方针、纠正片面追求升学率倾向的十项规定（试行）》，该文件中所说的"片面追求升学率"就是应试教育的重要表现。为了改革基础教育中存在的这种只关注升学有望的少数学生、只重视考试学科、只强调知识传授而忽视能力培养的片面办学倾向，人们探索了很多改革方案，"快乐教育""幸福童年教育""成功教育""和谐教育""创新教育""创造教育""素质教育""整体改革"等都是有一定影响的教改思想与经验。邓小平南方谈话以后，教育思想进一步解放，"素质教育"作为"中国智造"的新的理念开始进入主流视野。到1999年，在第三次全国教育工作会议上，中共中央、国务院颁布了《中共中央国务院关于深化教育改革全面推进素质教育的决定》，以正式文件提出实施素质教育的思想。素质教育理念的提出得益于党和国家领导人的高度重视，也得益于一线教育工作者的实践与创新，符合1985年《中共中央关于教育体制改革的决定》中"教育体制改革的根本目的是提高民族素质，多出人才、出好人才"的要求。

从以上分析可以发现，素质教育不是一个凭空杜撰出来的词汇，而是在解决基础教育存在的应试教育倾向这一严重问题的过程中提出来的改革思想，是20世纪末中国基础教育走向新世纪的历史选择，是基础教育为了完成中华民族伟大复兴和为了每个学生的全面发展使命的自我觉醒与改革方向。

2. 人本性

素质教育的核心是要解决培养什么人，怎么培养人的重大问题，它比应试教育更具有人文关怀，更加重视学生的感受与幸福，更加尊重学生学习的意愿与选择，更加尊重学生的成长发展规律，更加强调以学生为本。素质教育尊重和继承了我国强调勤奋学习的优秀传统，但是反对急功近利的有损于学生身体健康和可持续发展能力的做法，认为关怀生命、爱护生命、壮大生命、丰富与发展生命是素质教育的根本价值追求。

3. 根本性

根本性主要是指相对于显性的、有形的知识掌握而言，素质教育更重视隐性的、无形的、更加根本的内在素质与人格养成。这不是说素质教育不重视知识，知识教学始终是教育的基本手段和途径，轻视知识对于任何国家的教育来说都是危险的。但素质教育坚决反对只重视知识接受和书面考试分数而忽视独立思考和品德培养，只重视知识量的积累而忽视知识创造性运用与创新人格培养的极端做法，它主张将知识学习、思维训练、品德养成，以及创造力、想象力、审美能力、实践能力的培养，人格的整体熏陶等有机地统一起来，让知识学习、技能训练、各种教学活动都成为学生素质生成与人格和谐发展的有效途径与手段。

4. 全面性

素质教育的全面性主要体现在三个方面：一是面向全体学生，而不只是像应试教育那样面向少数升学有望的学生；二是全面执行教育教学计划，全面培养学生的素质，而不是考什么教什么，不考的就不教了、不学了；三是关注学生素质的全面发展与整体人格的和谐，而不是只关注学生的考试成绩与能否升学。正是这种对全面性的坚持与追求，使素质教育与马克思主义关于人的全面发展理论一脉相承。

5. 整体和谐性

素质教育的整体和谐性主要表现在三个方面：一是全面素质与重点素质培养的和谐统一，在全面培养的基础上突出重点，将重点素质培养有机融合于各种素质培养的活动与过程之中，使社会责任感、创新精神和实践能力的培养与知识学习、技能训练以及思维力、想象力、情感与意志、世界观与价值观等素质培养和谐共生，构成一个有机统一的教育教学整体系统。二是素质教育不追求面上的全面，而重视整体人格的和谐发展，这也是素质教育更加注重实事求是、更适合社会主义初级阶段现实要求的原因之一。三是素质教育在课程内容、教学方式方法、教育领导与管理措施等方面都反对二元对立和走极端的思想与做法，积极倡导统筹兼顾、有机整合，建构合理结构的方法论，努力通过建构整体和谐的教育，促进学生整体人格的健康和谐发展。

正是这种整体和谐性保证了素质教育是真善美的统一，是重点与全面的统一，是理想与现实的统一，是科学性、艺术性和实效性的统一，是既能满足人性发展需求，又能满足社会发展需要，还能不断改进完善、持续发展的先进教育。

6. 持续发展性

素质教育坚决反对牺牲学生发展后劲和可持续发展能力的"害命教育"，坚定不移地追求学生一生的可持续发展，以及教师和学校的可持续发展，并积极宣传可持续发展理念，努力为教育事业和社会的可持续发展做贡献。在教育方法上，素质教育宁可慢一点，牺牲一点效率，也必须符合人性地开展教学，也要保证按照教育教学规律开展润物细无声的教育。相对于速度，素质教育更强调质量与效能；相对于个别素质的养成与个别措施的使用，素质教育更重视各种素质与措施之间的和谐，以求人格的和谐与整体效能的最大化，通过提高效能促进人格教育的可持续发展。

7. 时代性

素质教育的时代性主要体现在三个方面：一是素质教育在坚持遵循教育规律的基础上，主动满足时代发展和当代人对教育的需求，主动调整完善培养目标与重点，及时丰富素质教育的相关内容，保证自身的可持续发展和不断完善；二是积极跟踪科学研究进展，利用最新的科学理论与科学技术，积极开发一切有利资源为教育服务，与时俱进；三是通过教育科学研究和改革创新引领教育思想和教育实践的发展，发挥教育的战略地位与社会文化引领作用。

8. 养成性

养成性是任何教育都具有的品性，相对来说，素质教育更加重视素质的养成。每个人的素质都是自己生成的，他人不能给予，家长和教师再爱孩子和学生也代替不了他们自己养成素质的过程。家长和教师只能通过创设情境、组织活动、讲解、引导、提问、暗示等手段来帮助学生进入相应素质的养成环境，开展相应的活动。素质就是在日常学习与生活的一言一行、一点一滴、不知不觉中生成的。正如教育家陶行知所说，"过什么生活，就受什么教育"，那么，进行什么活动、过什么样的生活，就养成什么素质。

9. 积极性

虽然任何教育都具有积极性，但是在社会主义初级阶段实现民族复兴与人民幸福的中国梦仍具有更大的难度和挑战，需要以更加积极的态度、更加饱满的热情和奋斗精神、更加坚定的信心、更加顽强的意志面对使命与困难，需要更加注重师生积极性的调动与激发，需要有更大的勇气、更大的爱心与耐心、更高水平的智慧与创造性、更高水平的获得感与幸福感，需要更高境界的积极人格做支撑，需要更大的正能量释放。要在坚持社会主义办学方向的基础上，以充满正能量的立身之"德"和发展之"德"统领学生成长与全面发展，大力培养学生的积极心态与高效能积极人格，大力培养积极进取、积极思考、积极行动、积极体验、积极评价、积极反思、持续进步的积极人格。同时，在教育教学过程中，时时处处都以促进和利用学生的积极表现为首要策略，千方百计地激励学生主动阅读、主动思考、主动提问、主动发表自己的意见、主动参与和积极建构、高效能行动，让素质教育成为高效能的积极教育，成为高效能积极人格的养成教育，为每一个学生富有个性地全面发展打上高效能的积极的人格底色。

10. 创造性

素质教育这一概念本身就是一个高水平的创造，素质教育的完善与发展也是不断创新创造的结果。素质教育理论体系的形成与完善需要一系列开拓性思考，素质教育实践的有效开展更要有创新精神与创新能力。素质教育今后的完善与发展仍需要发扬"不唯书，不唯上，只唯实"的精神，积极破除"五唯"评价倾向，大力弘扬科学精神与人文精神，大力开展教育创新，努力成为更加科学、更加先进、更能满足实现民族复兴和人民幸福需要的教育思想与实践。

11. 条件性

任何事物的存在与发展都是有条件的，素质教育也一样，其完善、发展与有效实施离不开必要的条件与生态。相对于以简单的知识传授、读写算技能训练和书面考试为主要内容的教育来说，素质教育的实施需要充分的条件，特别需要高素质的教师队伍的参与、"小班额"教学条件、丰富多彩的课程体系、多样化的评价方法、民主和充满人文关怀的教育领导、科学有效的教育科学研究等因素的支撑。也正因为如此，实施和完善素质教育不是只靠教育系统内部的努力就能达到和完成的，必须依靠全社会的力量。当然，教育工作者不能以此为借口，认为素质教育实施起来太难而踌躇不定，而要主动发挥自身的主观能动性，充分开发利用一切资源与条件，尽最大努力向着素质教育的方向前进。

12. 开放性

开放性是相对于封闭性而言，素质教育是开放的，它始终处于不断完善、不断充实、不断发展的状态。正如党的十八大报告所说，"实践发展永无止境，认识真理永无止境，理论创新永无止境"。素质教育应时刻注意借鉴和利用现代科学发展的一切成果。例如，离开了哲学、社会学、心理学、脑科学等相关科学新成果的支撑与营养，素质教育就不可能健康发展，也难以形成科学的理论体系。同时，素质教育的开放性还体现在对社会发展、时代进步需求的关注上，及时满足社会发展和人民对教育的需求，教师要以开放的心态对待每位学生。另外，素质教育的发展始终建立在教育科学研究的基础之上，始终随着教育科学研究的进步而不断发展完善。

以上12种性质是理解和把握素质教育的基本维度，需要解释的是，素质教育的以上性质有的在目前表现得还不充分，有的需要在以后的实践与研究中进一步凸显，所以在表述中偶尔使用了"应"或"应该"这样的主观词汇，用意就在于强调这些性质是今后在建构与完善素质教育理论时需要加强和弘扬的品质。

（二）素质教育的基本原理

素质教育理论的核心是其所反映的中国当代教育发展规律的基本原理，这些基本原理既体现了教育的一般规律性，也表现出素质教育的自身特质。目前，素质教育正处于形成与发展之中，有的原理表现得比较充分，有的则在形成过程中。我们基于已有研究总结出素质教育运行与发展的十大基本原理。

1. 素质的自生成原理

素质教育以提高国民素质唯根本宗旨，以培养学生的创造精神和实践能力为重点，努力造就有理想、有道德、有文化、有纪律的德智体美劳全面发展的社会主义事业建设者和接班人的教育模式，学生永远是教育活动的主体，学生素质的养成必须是学生自己生成的，而不是教育给予的。这一原理的内涵是：生成素质是学生自己的事，教师只能外在地帮助，而不能代替。也就是说，生成与提高素质这一活动的主体是学生自己，而不是他人。他人给予的只是相关影响，而不是素质本身。学生的素质只能靠学生自己去生成与提高，教师只能通过营造环境、设计课程、讲解知识、启发思考、引导想象、组织活动等途径与手段来帮助学生更有效地开展学习，促进相关素质的生成，而不能代替学生自己的活动。

依据这一原理，开展素质教育最重要的就是尊重学生的主体地位，尊重学生成长发展的规律，充分发挥学生自身的生长本能、学习需求、兴趣爱好，想方设法地调动学生成长与学习的主动性、积极性与创造性，壮大生命，激发生命潜能，促进学生的主动发展。其次，要尊重学生的生命与个性，尊重学生现有的素质基础，尊重学生的个性与差异，尊重教育教学规律，科学有效地满足学生的健康成长与合理的学习生活需求，主动为学生服务，树立以学生为本、为学生服务的理念，在服务理念的指导下，设计、组织与实施教学，而不是以改造者、传授者、训导者、加工者、生产者、管控者和缔造者的身份与态度，自以为是地开展想当然的教育与管制。再次，要科学办学，因材施教。要大力开展教育科学研究，特别要加强有关儿童生理、心理与个性差异和积极人格的研究，在尊重学生、尊重规律的基础上开展人道的、科学的、有效的教育教学，其精神主旨在于鼓励学生独立自主、创造性的获得发展，成为适应未来的创造性人才。

2. 满足社会需求的原理

教育与社会的关系是教育理论与实践中最重要的关系之一，能否处理好这一关系决定着教育的生存与发展。满足社会需求的原理可以说是素质教育存在的基础，具体内容是：当教育满足社会对人才素质的需求时，社会就认可教育、支持教育，为教育投入更多的资源，教育就能获得更理想的发展；当教育不能满足社会对人才素质的需求时，社会就批评教育、限制教育，压缩对教育的投入，教育的发展就会受到影响而延缓或引发新的变革。

高度重视和正确处理教育与社会的关系是马克思主义教育理论的共同特征。《中华人民共和国教育法》第五条规定："教育必须为社会主义现代化建设服务、为人民服务，必须与生产劳动和社会实践相结合。"素质教育不是空喊口号，而是减负重大使命。从根本上说，素质教育是社会需求的产物，是教育界关注社会需求、努力满足社会需求的应答与主动服务社会发展的具体行动表现和智慧创造。素质教育从培养什么素质、以什么样的人为培养目标，到设置什么样的课程、采取什么样的教育教学方法、为社会提供什么样的文化引领等各个方面，都将满足社会发展合理需求当作主要的目标与方向，也正因如此，素质教育具有鲜明的时代性与开放性。但是这种满足不是被动地跟随和不加选择地盲目接受，而是在科学研究基础上选择出来的。从基础教育的角度来说，为社会服务最主要的就是把学生培养成社会所需要的高素质人才，让他们既有一个美好的童年，又为一生的健康与可持续发展打下良好的基础。

这一原理对素质教育的各个方面都具有规定性。首先，素质教育要提高为社会服务的意识，关注社会发展对人的素质的需求，以时代发展和社会所需要的素质为自己的培养目标；其次，当今新科技革命和全球化、信息化、生态化、后现代化浪潮正在改变着人们的生存方式与发展方式，要求人们尽快适应变化，提升相应的素质，素质教育要密切关注这种新需求，并主动满足这种新需求；最后，各种类型各个层次的基础教育学校还要针对本校学生的具体情况，在遵循统一要求的同时，创造性地工作，因时因地，因材施教。

3. 在活动中生成素质的原理

素质是个体在亲身经历的活动中自主生成的，活动不是单纯的主观行为，而是客观影响与主观反应的结合，素质就是在人与客观影响相互作用的活动中形成的。这一原理可称为"素质生成途径原理"，其内涵是：人的素质是在亲身经历的活动中生成的，活动的性质与水平取决于活动的性质与人身心投入的程度。

这一原理告诉我们，学生生成什么素质，取决于学生每天进行的活动，取决于学生每天得到了什么样的影响与锻炼。欲培养学生什么素质，就应该组织学生开展什么活动。第一，要全面执行教学计划与课程标准，开齐开全开足应有的国家课程、地方课程与学校课程，不能为了应试而取消或弱化某些科目与活动，这是保证学生素质能够得到全面培养的基本要求；第二，要针对社会责任感、创新精神和实践能力的培养要求设置相应的课程与活动，特别需要在每天的各科常规教学中有意识地加强这三个重点素质的培养，渗透到每一天的教学与每一项活动之中；第三，要始终把积极的人生观、价值观与积极心态当作素质教育的重要品质来培养，从而保证积极人格的养成；第四，要努力创建丰富多彩的、积极主动的、创造性的课堂教学模式与校园文化，保证学生积极主动地创造性地全面发展；第五，要精心设计、科学组织教育教学活动，丰富获得内容，努力让每一个学生深度参与其中。

这一原理还为我们反思教育的弊端提供了思路。例如，如果学生的素质或人格出现了问题，或者片面发展，或者某种能力弱，或者个性不和谐，或者缺乏责任感等，都可以从学生在每天活动中的表现推测查找出原因。片面发展的学生的生活一定是单调的，某种能力弱的学生一定是平时很少参加和完成这种活动，个性不和谐的学生一定存在活动与交往方面的问题，缺乏责任感的学生一定在平时的学习与生活中缺少担当。总之，不管是全面素质的养成还是重点素质的培养，都源于平时的学习活动与生活品质。

4. 生态滋养原理

人的素质生成在很大程度上与生存环境的影响是分不开的，学校教育作为一个主要的影响因素在提高学生素质方面的作用表现在：一是通过教育教学直接帮助学生学习与活动，促进素质提高；二是通过学校的各种文化与交往滋养学生的成长。如果说教育教学活动起到直接的、显性的作用，那么校园文化环境影响则是起到间接的、隐性的影响。二者在精神品质上是一致的，体现的都是这所学校的教育理念、教育精神与教育习惯，共同构成了学生成长的完整生态。学校教育生态对学生素质生成的作用如同土壤和空气对作物生长的滋养一样，是每时每刻无微不至地感染和滋润。

这一原理的内涵是：学生素质的生成与学校教育生态的性质有重要关系，有什么样的学校教育生态就会催生什么样的素质，积极的、丰富的、自由民主的学校教育生态有利于学生积极的、全面的、创造性的素质的生成，反之则会生成不利的素质。

这一原理呼唤教育的生态意识，要求我们努力加强学校教育生态建设。第一，要树立生态意识，站在提高教育生态营养成分的高度，努力净化、美化、丰富学校的物质环境与整体文化，不仅让学生感到安全、舒适和喜欢，而且让校园处处充满感染力、影响力与教育力；第二，寓教于乐，寓教于生活，将有形的教育化为无形的体验与感染；第三，加强校内与校外、学校与家庭的联系，拓展对学生成长生态的影响，开发一切有利资源，调动一切积极因素，充分发挥生态的滋养作用；第四，特别要在学校教育生态的积极性、丰富性、创新性、交往性、渗透性、感染性、参与性上下功夫，努力使学校教育生态既具有全面营养，又能对培养社会责任感、创新精神和实践能力有特殊的影响力。

5. 提高素质以学习知识、技能和积累经验为基础与实现途径的原理

素质不是能力，人们对能力中某一方面的才能比较容易断定；素质也不是知识，知识是一种静态的文化储备，有知识不一定有素质；素质也不是道德观念和经验，而是使人努力学习与运用知识、技能，全面提高能力、追求高尚道德并主动开展服务与奉献活动的内在品质与人格，素质是从人的各种实践行为中抽象出来的最基本的生命底色。如果把素质教育等同于知识教育、技能训练、能力培养与经验积累，就没有把握住素质教育的实质与根本。但是，素质教育时刻也离不开知识教育、技能训练、能力培养与经验积累，并以此为基础和实现途径，如果将素质教育与知识教育、技能训练、能力培养与经验积累对立起来，轻视知识，弱化技能，不重视各种经验的积累，那么就会将素质教育引入歧途。素质教育不仅不轻视知识、技能、能力与经验，反而更加科学、完整、有效地追求德智体美劳等方面的先进知识、技能、能力与经验的学习与实践，人的素质就是在这种更加科学、有效的学习与实践中得以提高和完善的。

这一原理的具体内容是：学生素质的生成和提高与知识学习、技能训练、能力锻炼、反思感悟和经验积累的内容、特征与过程密切相关，学习与经验不仅是提高素质的基础，而且是提高素质的重要途径。

因此，我们必须解决好提高素质与学习知识、训练技能、锻炼能力和积累经验的关系。一方面，不能将素质教育等同于知识、技能的学习与单一能力的训练，不能认为只要多学知识与技能，或者多锻炼、多活动就能搞好素质教育；另一方面，不能认为素质教育可以轻视知识、技能的学习，而要将德智体美劳等方

面的知识学习、技能训练、能力锻炼、反思感悟和经验积累有机地统一起来，科学、合理地组织实施，特别是要做好知识与技能的理解、联系、内化、迁移、应用的工作。

6. 先进价值观引领原理

素质教育具有时代性与开放性，始终处于不断完善的开放状态，始终保持着对时代发展、社会需求的关注与敏感，始终坚持以先进的价值观引领教育理论创新和教学实践。这一原理的内涵是：先进价值观教育是素质教育的灵魂，素质教育的设计与实施只有在先进价值观的引领下才能日益发展与完善，如果价值观出了问题，教育效果就会大打折扣，甚至与教育目的相背离。

这一原理要求我们必须高度重视先进价值观教育。首先，坚持以社会主义核心价值观为引领，努力将社会主义核心价值观贯彻落实到课程与教学的全过程和校园文化等各个层次与方面；其次，坚持积极追求人道、科学、自主、幸福、积极、有效、持久、和谐、教学相长与生态文明等先进价值观，努力以先进价值观引领素质教育的发展，让先进价值观成为素质教育的强大精神力量；再次，高度重视教育观念的更新与先进教育理念的确立，将先进价值观转变为先进教育理念，切实指导教育教学行为。

7. 先进理论引领与科学技术支撑原理

科学技术是第一生产力，素质教育的发展时刻都离不开先进理论的引领与科学技术的支撑与推动。特别是在价值多元化和以建设现代化教育强国为发展目标的今天，现代科学理论与技术，尤其是能够直接运用于教育教学活动和学校建设的现代科学理论与技术，是素质教育完善与发展的重要力量。这一原理的具体内容是：素质教育需要先进教育科学理论的引领与现代科学技术的支撑，离开了科学理论与技术，素质教育理论不可能发展与完善，素质教育实践难以取得理想效果。

这一原理反映了素质教育的客观性、科学性、有效性与可持续发展性，要求我们：第一，树立科学办学、科学施教的意识，尊重规律、尊重科学、尊重技术与创造，最大限度地运用先进的科学理论与现代科学技术来提高素质教育的实效性；第二，加强教育科学研究，借鉴相关科学理论，完善素质教育理论，提高素质教育理论的科学性与实用性；第三，加快现代科学技术运用于教育教学的步伐，积极推进教育现代化进程；第四，努力提高教师运用现代科学理论与技术实施素质教育的能力，将"第一生产力"变成实实在在的现实推动力。

8. 过程评价与结果评价共同发挥作用的原理

应试教育之所以被看作教育领域的顽瘴痼疾，一个重要原因就是一卷定前途的评价制度。正如人们所说："高考制度不改，学生的评价方法不变，应试教育就不会变，素质教育就难以真正有效地实施。"要想让学生的素质全面发展，最有效的方法就是全面考查、全过程评价。这一原理的具体内容是：素质教育需要兼顾过程评价与结果评价，发展性评价与增值性评价在学生评价中的作用。

这一原理首先要求教育树立全面的、全过程的教育评价观，充分发挥各种教育评价手段与方法的功能，开展科学有效的教育评价；其次，在重视结果评价的基础上，加大过程评价的力度与适用范围，用科学有效的过程评价保证素质教育的结果；再次，积极开展各种素质科学评价方法的研究，特别要加强关于社会责任感、创新精神和实践能力等重点素质，以及健康人格、积极人格、和谐人格、创新人格的评价方法的研究，运用科学评价增进实施素质教育的有效性。当然，也不能走极端成为"唯"评价论者，素质教育在有些方面还要有一种只问耕耘不问收获的超越精神与境界，只要按照素质教育的原理实实在在地开展教育教学活动，即使暂时没有什么明显的效果，也要坚定不移地坚持到底，因为素质的生成与提高往往需要很长时间，而且有些素质是隐形的，不易察觉到的，过于急功近利会有损素质教育的价值理性与根本宗旨。

9. 整体效能最大化原理

提高民族素质不是几个阶段或几类教育的职责，也不是一个阶段教育就能做到的。在终身教育已成为大趋势和人生必需，终身教育体系已基本形成的今天，素质教育自然是一个终身体系。这一原理的内涵是：一方面要站在终身教育的高度谋划、设计、研究与实施各级各类学校的素质教育；另一方面要使每一类每一校的素质教育要素协同、整体和谐、效能最大。

对于基础教育来说，这一原理要求是：第一，素质教育的职能主要是为人的终身发展打基础，要从这个角度设计、开展基础教育，评价教育的成效，分数只是素质教育的副产品而已，不能唯分数论；第二，学生素质培养是一个整体，各学科教学和各种活动虽各有侧重，但其结果是培养高素质的和谐人格，一定要注重协调配合，充分发挥整体合力；第三，要处理好全面打基础与个性发展的关系，在全面执行和高质量实施课程计划的同时，积极鼓励和尊重学生的个性表现，要包容所有学生，为学生的学习和活动提供选择的机会，为学生的个性发展提供成长空间，统筹兼顾地帮助学生打下终身发展的全面素质基础和个性基础；第四、各学校、各年级组、各种活动与操作单元在工作中要有整体意识，努力追求整体效能最大化。

(三) 实施素质教育的有效策略

依据素质教育的内涵、性质和基本原理，提高素质教育的质量，需要一系列科学有效的策略。

1. 加强基础研究，进一步明确素质教育的培养目标与任务

素质教育以提高民族素质为宗旨，实施素质教育首先要面对的问题就是：我们的民族素质现状如何，存在什么问题，究竟要提高哪些方面的民族素质？为此应深入系统地开展研究，进一步明确素质教育的培养目标与任务。

(1) 传统国民素质的反思与现代国民素质研究的短缺：中华文明源远流长，在历史长河中一直处于领先地位，先进的文化与素质曾是周边各国学习的榜样。作为一个问题，对中国人的国民素质的研究兴起于鸦片战争之后对民族危机的反思。龚自珍、魏源、林则徐等人首先反思了国人只重礼义文章、缺乏实用技术的素质短板，积极倡导"师夷长技以制夷"，大力呼吁提高国人的制造技术、军事技术等相关素质。洋务运动倡导"中体西用"就在于利用西方的科学与技术来弥补国人技术素质的不足。1894年爆发的甲午中日战争最终以中国签署耻辱的不平等条约《马关条约》为标志结束，西方列强开始瓜分中国，引发了康有为、梁启超等旧知识分子领导的自新图强的"百日维新"。维新运动积极倡导培养"新民"，这种新民"必须具有新道德、新思想、新精神、新的特性和品质，诸如国家思想、权利思想、政治能力、冒险精神以及公德、私德、自由、自治、自尊、尚武、合群、生利、民气、毅力等"。开创了中国国民性研究的先河，影响深远。经历了社会主义革命和改革开放，中国获得了高速发展，经济总量居世界第二，中国人的素质也有了很大提升。但是，中华民族的国民性究竟发生了怎样的转变，与实现伟大中国梦的要求相比还有哪些差距，目前仍缺少科学系统的研究，特别缺乏在大量调查与统计基础上提炼出来的关于当代中国人素质的研究成果。

(2) 健康、积极、高效、文明应成为中国人最基本的素质与底色：中国近十四亿人口，不可能只有一种做人模式，但是中华民族骨子里具有共同的特点。从最广泛意义上讲，健康、积极、高效、文明应成为中国人基本素质的共同点。

"健康"包括身体健康、心理健康和社会适应性良好;"积极"主要是指积极心态、积极行动、积极体验、积极评价、积极反思、不断进取等品质;"高效"主要是指言行一致、善于行动、勤于实干、科学高效地开展各种积极进取的实践;"文明"主要是指文明程度高,遵循世界上大多数国家的人民认可的文明内涵与标准,人格境界水平高,赢得了人们的尊重。在这个基础上,每个人都顺己所爱、尽己所能地发展符合社会需求的个性品质。基础教育阶段的素质教育首先应为国人一生的成长打下这样的素质基础与人格底色。

2. 将素质教育终身化、社会化,建设提高民族素质的终身教育体系

正如《中共中央国务院关于深化教育改革全面推进素质教育的决定》所指出的那样:"实施素质教育应当贯穿于幼儿教育、中小学教育、职业教育、成人教育、高等教育等各级各类教育,应当贯穿于学校教育、家庭教育和社会教育等各个方面。在不同阶段和不同方面应当有不同的内容和重点,相互配合,全面推进。"提高民族素质不是哪一类或哪个阶段教育能够全部完成的任务,必须依靠各级各类教育的协同配合,建立起终身教育体系来完成。人的一生,最重要阶段是基础教育阶段,这些未成年人是祖国最美的花朵,代表着祖国的未来与希望。目前我国18岁以下的未成年人约有3亿多,他们的素质状态直接关系到中华民族的整体素质。对于基础教育来说,最核心任务是为学生一生的发展与幸福打好素质基础。

3. 大力推进教育的结构调整与转型升级

党的十八大以后,中国改革最鲜明的特征就四个字——转型升级,既包括经济的转型升级,特别是产业、企业发展的转型升级,也包括社会和其他事业发展的转型升级。转型升级的主要途径就是方向转变和结构调整,具体措施则是在先进价值观的引领下,转变发展方向,通过运用新理论与新技术,开展制度与技术创新,调整结构,促进产业的升级。中国教育事业的改革发展也与经济一样,已经进入了结构调整与转型升级的新时期,而结构调整与转型升级的主要目的是更科学有效地实施素质教育。早在1999年,《中共中央国务院关于深化教育改革全面推进素质教育的决定》就以正式文件的形式将实施素质教育确定为所有教育的任务。这个决定还提出了构建实施素质教育新体系的战略目标,要求"深化教育改革,全面推进素质教育,构建一个充满生机的有中国特色社会主义教育体系"。可以说,从1999年开始我国教育整体上由过去"以传授和记忆知识结论为主,

以考试分数为评价绝对指标"的教育模式,向"以提高素质为宗旨,以强调重点素质培养和强化学习过程与全面评价为主要特征"的素质教育模式转变,也可称之为"中国教育的整体转型",简单概括为由"知识复制型教育"向"素质提高型教育"转型。这一转型由于各种复杂的原因,进程较慢,但其态势和力量正在形成与壮大之中。目前的任务是进一步促进这种转型,通过转型达到提高教育质量和整体办学水平的升级目的。

第一,实现教学目标的转向。坚定不移地坚持素质教育的办学方向,实实在在地为提高素质而教,为促进学生的积极发展、和谐发展和全面发展而教,淡化应试教育的评价功能。

第二,在整体上调整教育结构。增加优质教育资源,扩大职业教育比例,建设高水平职业教育体系,加强过程性评价和全面评价,减轻中小学升学压力,形成"校校有希望,人人有前途,只要平时认认真真地开展素质教育,就能赢得好前途好评价"的发展态势。

第三,坚定不移地深化课程与教学改革,促进课程与教学体系的转型升级,积极推进《基础教育课程改革纲要(试行)》中提出的改变"六个过于"的具体转变目标。

第四,进一步强化升级意识,不能在旧的平台和原有水平上打转转,要在思想认识、教学理念、教学方式方法、课程体系与学校管理和文化等方面全面升级,运用新理论、新技术,努力使基础教育由以知识复制应付考试为取向和不顾身心健康发展的低效教育,升级为以提高素质为宗旨,以保证身心健康壮大生命为第一要务、以快乐的积极的和谐发展为主要特征的高效的素质教育。

第五,抓住根本,在学习水平和教学水平的升级方面下功夫。学习水平升级的路线图是:识记水平的学习——理解水平的学习——迁移水平的学习——创新水平的学习。教学水平升级的路线图是:传授式教学——启发式教学——研讨式教学——体验式教学——综合创新式教学。各种学习方式与教学方式在实践中很少单独运用,也不是相互对立的,而是由以一种方式方法为核心构成的有机统一体。

目前,最紧迫的任务是在提高教师教学水平与艺术的基础上,大力增加研讨式教学与研究式学习、体验式教学与体验式学习、创新式教学与创新式学习等教学与学习方式方法。但也要注意,这种划分是相对的,各种教学和学习方式方法之间没有绝对的高低之分,每一种教学和学习方式方法只要运用得好,都能取得好的效果,要学会依据自己的特长和学生的特点,努力提高运用教学水平与艺术。

4. 与时俱进，积极吸收建设性后现代思想的营养

正如信息化、生态化是时代发展不可阻挡的潮流一样，后现代化代替现代化也是社会发展的必然趋势。在这一时代发展的大趋势中，建设性后现代思想表现出了强大的生命力与先进性，对中国基础教育改革具有重要启示。

第一，"不管人们对后现代主义采取什么样的不同态度，后现代主义确实已经全面冲击了整个西方社会和文化以及生活的结构，特别是影响到人们的精神面貌和生活风格，迫使人们不得不重新思考有关西方社会和文化的各种重大问题。在西方社会和文化发展史上，这可以说是启蒙运动之后最深刻的一次精神革命、思想革命和生活革命"。后现代主义对现代性的彻底批判与反思对中国学习西方的现代经验和建设社会主义新文明具有重要的参考价值。

第二，中国发达地区和部分先富起来的人群与年青一代的思想观念、思维方式、生活态度与生活方式中的后现代因素越来越多，中国的后现代帷幕早已拉开，敏感地去发现和关注，因势利导地去研究与引领，是教育研究的责任与使命。

第三，建设性后现代主义既与中国传统整体哲学和中庸思想等传统思想具有天然一致性，又具有与马克思主义方法论的相容性。

第四，建设性后现代主义有助于弘扬中国传统文化，兼收并蓄地借鉴西方现代与后现代经验，为我所用地开展物质文明、精神文明、政治文明、社会文明与生态文明建设，促进社会与教育文化的综合创新。

第五，建设性后现代是高级后现代，是对现代性的彻底颠覆，对构成现代性二元结构的彻底消解、批判与超越，是以生态文明为核心的先进文明形态，对实施素质教育具有丰富的营养价值。

5. 系统思考，突出关键，以"重点"促"全面"

当今中国素质教育是以社会责任感、创新精神和实践能力培养为重点的教育，如果这个重点得不到应有的重视和培养，那么就不是我们所说的素质教育。现实中有些学校的素质教育之所以效果不明显，其中一个重要原因就是素质教育的"重点"没有得到保证。系统科学的结构与功能关系原理告诉我们，事物的结构对性质与功能具有决定性影响，其中关键结构往往起着决定性作用。将社会责任感、创新精神和实践能力这三项素质作为重点目标来追求，由普通素质目标提

升为重点素质目标，其实质是改变了教育系统的结构，赋予了素质教育新的品质与生命，使素质教育成为与过去的传统教育不同的新教育模形式。那种认为"什么教育都培养素质，素质教育是个空洞概念"的观点，没有认识到素质教育重点的重大意义，没有看到重点结构与发展方向对事物整体性质与功能的决定性价值。

第一，实施素质教育需要系统思考，从整体上把握"重点"与"全面"的关系，在全面的基础上突出重点，用重点引领全面，使重点与全面和谐统一，成为重点突出、特色鲜明、整体和谐的新教育。

第二，将社会责任感、创新精神和实践能力培养作为各科教学、每一堂课、每一天教育教学活动的真正重点与核心目标，实实在在地加以具体培养。没有每一天的"重点实施"，就没有整体重点目标的实现。

第三，将责任感教育、创新教育和实践能力培养科学化、经常化、重点化、细致化、持久化，融合于教育教学常规之中，在点点滴滴的落实与无声无息的融合中培育素质教育的新生命。

第四，做好"增量"与"存量"的有机整合，也就是将新增加的重点培养措施与在原有各种教育教学活动中突出重点目标的改进行动有机统一起来，形成一个和谐有效的素质教育系统，避免那种将责任感教育、创新教育和实践能力培养与常规教育割裂开来的"两张皮"现象，因为不能融合为一体的任何教育措施都将成为短暂的、没有生命力的"浮云"。

6. 壮大学生的生命力

叶澜教授将她主持的"新基础教育"改革命名为"生命·实践"教育。她所开展的基础教育改革实践抓住了根本，为新基础教育奠定了成长壮大的根基，注入了强大的生命力。我国基础教育中还一定程度上存在着忽视学生生命健康成长、轻视学生生命欲望与尊严、蔑视儿童生理和心理的特殊性、压抑生命冲动与合理需求、损害儿童可持续发展能力与发展后劲的现象，必须从思想到行动、从目标到制度与文化彻底地改变，否则，基础教育的目标难以真正实现。

第一，要在思想认识上树立尊重生命、敬畏生命、呵护生命成长的教育意识，改变过去那种塑造人、加工人，做灵魂工程师的机械教育观，顺应、呵护与帮助学生生命的自然成长，真正以人为本，以学生生命为本。

第二，坚决消除严重的"过头学习""过度、机械训练"和"重复学习"，减轻不必要的学习负担，保证学生有"阳光运动"、游戏消遣与"胡思乱想"的兴致与时间，让儿童过儿童的生命，保持好儿童应有的纯真，呵护好儿童生命中宝贵的激情，因为那是人之为人最宝贵的生命原动力。

第三，将学习知识、培养技能、考试评价变成激发生命力、提高生命素质、激发生活热情与愿望、完善人格的途径与活动，让爱护与壮大生命力成为素质教育的根本追求。

7. 分类发展，因材施教，各尽所能

当前我国的教育军备竞赛已经达到白热化程度。郑也夫教授在《吾国教育病理》文章中提出了解决中国"学历军备竞赛"的一个对策——"分流"，并认为"职业教育是当代教育分流最有效的手段"。我们基本上认可这一观点，并且认为要举办丰富多彩、各式各样的职业教育，以满足各种水平、各种职业兴趣学生的发展需求。多元智能理论告诉我们，每个人都具有多种智能，而且每个人都具有一到两种优势智能，如果能在优势智能方面选择职业，其发展就容易成功，否则就可能要事倍功半。素质教育绝不能升学考试一条路走到黑，必须为学生的终身发展准备不同的成长通道，而且要条条道路通罗马，让每个学生都能在自己的跑道上有所成就。同时，要在基础教育阶段坚持因材施教的原则，为学生的学习与生活提供有针对性的、适合其已有基础、兴趣和能力水平的教育。不破除一刀切、齐步走、同样标准、一个模子的机械化教学模式，就不会有高效能的素质教育。

8. 改革升学考试与教育绩效评价制度

教育具有人才甄别与选拔的功能，是人人都知道却始终难以突破的课题。正如人们所说，升学考试制度不改，分数仍然是命根子，应试教育就不可能有大的改变。可是，目前取消考试显然不可行，因为目前还找不到一个能够既保证公平又有效率的替代方法，只能采取对升学考试制度的内容、方式方法、次数、方便程度、科学化水平等加以改进提高，只能是修修补补的方式达到逐步完善。其中，以下五个方面的改革应大力推进：

第一，将中高考由一年一次改为一年多次，方便学生，降低或者消除学生的应试紧张程度，可以用历次考试的最佳成绩作为最终录取的依据；

第二，提高过程性评价的比重，把平时表现和成绩作为升学的重要依据之一，实行"学生成长档案袋"评价方式；

第三，强化成果评价，将学生的创造性作业与成果纳入升学评价内容；

第四，增加社会志愿服务的评价指标，以增进学生的社会责任感；

第五，对具有特长的学生应破格录取，以鼓励个性发展。

9. 加强国际合作，提升教育的国际化水平

全球化是当今世界的大趋势，这一趋势既是挑战与威胁，也是机会与呼唤，它让封闭僵化者无处可藏，也为先进者提供了全球市场。不论什么改革，都要扩大视野，学习借鉴先进经验，并结合自身具体情况找到适合的改进方法与前进道路。我国素质教育改革是在改革开放的大背景下进行的，为开展教育国际合作提供了良好的环境，一定要充分利用。因此，在实施素质教育的过程中，我们要始终将开阔国际视野、加强国际合作作为推进改革发展的重要措施：一是因为中华民族要成为高度文明的民族，必须集百国之长；二是只有在比较中才能更好地认识自己，学习借鉴他国的先进经验，更好地发展自己；三是只有在国际化进程中才能办出世界上最优秀、最先进的高水平教育。

10. 继续深化学校的课程与教学改革

2001年开始的基础教育课程改革为实施素质教育做出了历史性贡献，积累了宝贵的经验，有效地推进了我国素质教育。党的十八大以来，以习近平同志为核心的党中央特别重视教育，在教育理论与实践方面开辟了我国教育发展的新时代，素质教育也迎来了更高水平发展的新时代。素质教育在推进教育现代化、建设教育强国和办好人民满意的教育等方面，正以其强大的生命力发挥着极其重要的作用，有必要继续深化各类学校的课程与教学改革，进一步提升素质教育的质量与效能。

第一，进一步宣传素质教育，坚定全社会支持素质教育、推进素质教育的决心，不能有丝毫的动摇与懈怠，而且要理直气壮地提高素质教育的地位，让它真正成为学校教育教学的指导思想；

第二，深入细致地分析问题存在的原因与突破口，开展全国性、全面性、系统的素质教育课程与教学改革试验，提炼好经验、好办法，广泛宣传推广，用榜样引导改革；

第三，深化素质教育理论研究，构建素质教育理论体系，并做好普及推广工作；

第四，加强教师培训，提高教师素质教育理论水平和实践能力；

第五，大力推广素质教育评价技术与方法，用全面科学的评价引领课程与教

学改革；

第六，努力创新课堂，大力提高学生学习的主动性和学习水平，开展丰富多彩的学习方式，让每一个学生都能找到适合自己的学习方式，都能发现学习的快乐与课堂生活的幸福感；

第七，加强学校素质教育文化建设，从一点一滴做起，逐渐形成为提高民族素质而教、为人的终身发展而教、为中华高效能积极人格而教、为儿童的健康幸福而教的素质教育新文化。

11. 大力推进学校整体效能建设，提高学校的品质

教育质量是学校整体满足学生发展需求的程度，高素质的学生既有赖于高素质的教师，更有赖于学校的整体品质。每一所学校都要主动加强效能建设，全面提高育人能力与可持续发展水平。效能是继效率、效果和质量之后出现的一个反映事物整体能力的概念，一般可以将"效能定义为取得实际效果的能力，也就是实现目标的能力。学校效能就是教育主体为了实现教育目标，完成教育任务，开展教育活动，不断取得高水平绩效的能力。简单地说，就是教育主体有效实现教育目标的能力"。效率的特征是快，质量的特征是好，效果的特征是符合目标，效能的特征则是三者的综合，是又好又快又符合目标，而且能够持续保持。也就是说，高效能不仅高效率、高质量，而且能够持续不断地做到这一点。今天的高效能学校是能够持续不断地高质量、高效率实现素质教育任务的学校。那种凭一时的运气或拼命用功，或依靠政策与投入，偶尔取得了显著业绩的学校，可以说它某一时期教育效率高、质量好，但不能称之为高效能学校，因为高效能学校必须是在条件与其他学校无显著差异的情况下，持续不断地取得高效率、高质量、高效果的学校。

人类文明从效率文明到质量文明，再到效能文明，是一个文明程度逐渐提高的过程。效能文明与生态文明都非常强调人与事物的可持续发展，提高教育效能，促进学生、教师和学校的可持续发展，是素质教育应有的高度与先进性所在，也是素质教育优于其他教育的特殊品质。因此，我们在实际工作中一定要提高效能意识，努力提高教育教学效能，运用系统思维统筹规划，合理分配资源，确保整个教育系统和学校整体效能最大化。

12. 积极推进教育信息化与生态化进程

信息化与生态化都是人类社会发展的大趋势，对于教育来说，是必须面对的

挑战和必须充分利用的机会与高效能手段。

生态文明建设是中国社会发展"五大文明"建设的重要组成部分。营造良好的教育生态，运用生态学原理开展教育改革是素质教育的重要内容。生态育人的基本力量是"全方位的复杂教育场力"，基本原理是"慢慢滋润、育人细无声"。人的素质正是在这样有营养的生态中慢慢生成改变的。生态育人要求高度重视环境建设，加强学校的全方位文化建设，有意识地营造丰富多彩的、积极向上的、营养丰富的素质教育文化与生态。

13. 进一步明确政府与社会的教育责任，提高对教育的支持力度

办好素质教育，提高民族素质，是全社会的责任，是全党全体人民的责任。离开社会的关心与支持，素质教育是办不好的。素质教育的形成与发展经历了一个从朦胧意识到清晰的教育理念，再由一种教育理念上升到国家意志和全社会的共识，得益于党和政府的大力支持，没有党和国家的支持，素质教育也是难以推进和有效实施的，进一步增加政府的教育投入，进一步重视和加强素质教育的领导与改进工作，是确保素质教育取得成效并持续发展的关键性因素，是考验社会与政府是否坚定不移地推进素质教育和贯彻落实教育优先发展战略的重要指标。

第三节　教育现代化理论

党的十九大报告指出："新时代中国特色社会主义思想，明确坚持和发展中国特色社会主义，总任务是实现社会主义现代化和中华民族伟大复兴，在全面建成小康社会的基础上，分两步走在本世纪中叶建成富强民主文明和谐美丽的社会主义现代化强国。"这一新时代总任务要求中国基础教育必须大力加快社会主义现代化教育强国建设。2019年2月，中共中央、国务院印发了《中国教育现代化2035》，对我国教育现代化事业做出了顶层设计，制定了发展规划与主要战略措施。

一、中国教育现代化的总体目标

《中国教育现代化2035》提出，推进教育现代化的总体目标是：2020年，全面实现"十三五"发展目标，教育总体实力和国际影响力显著增强，劳动年龄人口平均受教育年限明显增加，教育现代化取得重要进展，为全面建成小康社会做

出重要贡献。在此基础上，再经过15年努力，到2035年，总体实现教育现代化，迈入教育强国行列，推动我国成为学习大国、人力资源强国和人才强国，为到本世纪中叶建成富强民主文明和谐美丽的社会主义现代化强国奠定坚实基础。

二、新时代中国教育现代化的特征

新时代中国教育现代化是中国特色社会主义改革开放伟大事业的重要组成部分，是建设教育强国的必要途径与手段，是21世纪初追赶世界发达国家、建设世界一流教育强国的伟大工程，具有以下主要特点：

（一）社会主义政治性

中国教育现代化需要借鉴西方的现代化经验，但不是西方化，更不是补资本主义的课，而是在中国共产党的领导下建设先进的现代社会主义教育。正如习近平总书记一再强调的那样，加强党对教育工作的全面领导，保证教育的社会主义办学方向，是办好教育的根本保证。各级党委要把教育改革发展纳入议事日程，党政主要负责同志要熟悉教育、关心教育、研究教育。党的领导和社会主义办学性质是中国教育现代化的优越性体现。

（二）后发性

现代化发源于西方发达国家，我国是世界现代化进程的追赶国，具有后发性。这种后发性既是挑战，也是优势。挑战主要表现在与发达国家相比，我们相对落后，发展时间上没有优势，必须争分夺秒地抢时间发展，有时还会遇到资本主义发达国家设置的障碍；优势是具有后发效应，具有可学、可模仿、可借鉴的先例、知识、科学与技术，很多方面的发展速度相对较快。现代化的关键在于能否将西方发达国家的先进经验和科学技术与本国实际结合起来，提高生产力，改进生产关系，取得高速度、高质量的发展进步。

（三）融合性

融合性的社会背景是当代中国社会生产力和文化发展的迭代性。当代中国是前工业社会、工业社会和后工业社会文化与生产力迭代并存的时代，偏远地区和部分农村有些方面还处在农业社会水平，而北上广深等发达的中心城市已经进入了后工业社会。这种迭代性要求我们的现代化不可能重走西方发达国家的路径，

第一章　基础教育的基本理论

而要将经典的工业化进程、社会与行业的信息化进程和生态文明建设统筹兼顾、融为一体。中国教育现代化的融合性是指在教育改革与发展的进程中要统筹兼顾民族传统的继承与弘扬、西方发达国家经典教育现代化经验的学习与借鉴、教育信息化、教育生态化等，将其融合成一个有机整体。要在继承优秀教育传统的基础上，充分发挥现代先进教育理念、教育思想和教育技术的作用，既扎根于现实，遵循规律，又勇敢科学地追求时代先进性，保证既有积极健康的"魂魄"，又有发达强劲的"身手与本领"，催生有机统一的富有活力与成效的教育体制，努力培育中国教育蓬勃发展的新生命。

（四）创新性

新时代中国教育现代化仍然需要学习与模仿，但更多的是针对提高民族素质的时代要求和具体人口现状与教育条件，创造性地开拓创新。在社会主义初级阶段，面对提高世界第一人口大国的国民素质，建设教育强国和世界一流水平的教育体系的艰巨任务，没有现成经验可以照搬和模仿，只能依靠创新，摸着石头过河地开拓前进。正如习近平总书记在党的十九大报告中所指出的那样："实践没有止境，理论创新也没有止境。世界每时每刻都在发生变化，中国也每时每刻都在发生变化，我们必须在理论上跟上时代，不断认识规律，不断推进理论创新、实践创新、制度创新、文化创新以及其他各方面创新。"

（五）超越性

教育现代化本身就是一种追赶先进的过程，肩负着建设教育强国使命的新时代中国教育现代化正在加快追赶的步伐，力争早日实现对世界发达国家教育的超越。如果说"强国建设"是新时代中国现代化的重要特征，那么，"建设教育强国"则是新时代中国教育现代化的重要任务与奋斗目标。不断地打破先例，不断地在教育教学各个方面、各个层次实现对自身已有成就和对发达国家教育的双重超越，将成为新时代中国教育现代化的过程属性与沿途风光。在学习中超越，在模仿中创新，在追赶中超越，将成为新时代中国教育现代化进程中的新常态。

（六）实效性

新时代中国教育现代化一方面要有世界视野，有志向、有勇气、有能力，敢于超越发达国家的做法与水平，另一方面更要注重解决好自身的教育问题，实实在在地为学生发展和社会进步做好服务。进一步推进教育领域的改革开放，提质增效，高质量地培养学生、高效能地服务社会是新时代中国教育现代化的本色与常规。

（七）世界先进性

增进时代先进性，成为世界先进，是现代化的本质特征。新时代中国教育现代化的目标就是要建设世界一流的现代教育理论体系与实践系统。新时代中国教育现代化，不论是指导思想、理论基础、课程体系、教学方法与技术手段，还是学生学习成就、人格发展水平和对经济社会发展的支撑与服务能力，都将逐步走向世界的前列，这是实现伟大中国梦的内在呼唤，也是建设教育强国和办好人民满意教育必须达到的工作水平与目标。在生态文明和信息文明已经深入人心的今天，保持世界先进性的教育，需要深入分析工业时代教育文明的优势与弊端，顺应时代潮流，积极推进教育信息化和生态化建设，努力创造当今时代最先进的教育文明。

（八）有机整体性

新时代中国教育现代化是一个有机整体，是教育系统整体的"时代现代性"的提升，是教育思想、教育制度、师生素质、课程与教学、教学设备、教育环境等各个方面"时代先进性"的追求与获得，而不是某一个或少数几个方面的现代化。教育现代化建设不仅要加强教育思想的现代化、教育目标的现代化、课程体系的现代化、教学系统的现代化、教学设备与条件的现代化、教育文化的现代化、教育生态的现代化等方面，还要从相互关系和整体融合的维度加强各方面的配合与相互促进，以催生教育系统整体现代性的涌现与生成。

这八个特征既有教育现代化的普适性性质，也有中国教育现代化独有的政治品格和后发性品质，还有新时代中国教育现代化独有的时代特征，融合在一起反映了新时代中国教育现代化的整体现代性品质。

三、走融合式教育现代化道路

融合式教育现代化是特殊的教育现代化理念与推进策略，是新时代中国教育现代化积极、科学地面对现实与挑战，逐步在学习与跟随中实现超越，成为世界科学技术与生产力的创新者和领先者，拥有政治、经济、科技、文化等全面时代先进性的必由之路。

（一）融合式教育现代化的时代背景与逻辑假设

融合式教育现代化源于21世纪中国生产力发展和科学技术发展的迭代性存在这一社会现实。首先，经过几十年的艰苦奋斗和科学布局，21世纪的中国已经成为世界上工业体系最完整的国家。按照工业体系完整度来算，中国以拥有39个工业大类、191个中类、525个小类而成为全世界唯一拥有联合国产业分类中全部工业门类的国家。这说明中国的工业化已经达到了较高水平，并且工业已经成为主要的社会生产力。其次，进入21世纪以后，我国的"新四大发明"，即高铁、网购、支付宝和共享单车已经成为不可缺少的出行、生活、消费要素。特别是在信息化发展的最前沿5G竞争中，我国已经开始领先，具有明显的竞争优势。最后，进入21世纪后，我国更加重视生态文明建设。党的十八大报告将生态文明建设与经济建设、政治建设、文化建设、社会建设并列为"五位一体"的中国特色社会主义事业总体布局，融入社会建设的各方面和全过程。党的十九大报告更是竖起了生态文明建设的里程碑，将生态文明建设作为"千年大计"，提出了"美丽中国"和"坚持推动构建人类命运共同体"的新理念，并将"美丽"纳入国家现代化目标之中，制定了相应的实施计划和目标。也就是说，21世纪的中国是农业文明、工业文明、信息文明和生态文明不同层次的文明迭代并存共同发挥作用的社会。新时代中国教育现代化深受这四种文明的影响，并在其中开展教育教学活动。

融合式教育现代化的逻辑假设是各种文明的生产力和科学技术是能够融合的并有融合的需要。这一假设已经被实践证明了。首先，计算机和互联网在工业领域的普及与深度运用已经证明了传统工业可以与信息技术融合在一起，并且融合得越好越快就越具有竞争力，能够巩固提高工业生产的效率与质量；其次，高耗能高污染的传统工业的信息化和智能化已经成为传统工业转型升级的必由之路，不加强信息化和智能化的改造，传统工业就难以生存下去；最后，环境友好，人与生态和谐共生、持续发展的生态文明已经成为人们公认的价值追求和美好未来。早在2015年4月25日颁布的《中共中央国务院关于加快推进生态文明建设的意见》就明确要求："把生态文明建设放在突出的战略位置，融入经济建设、政治建设、文化建设、社会建设各方面和全过程，协同推进新型工业化、信息化、城镇化、农业现代化和绿色化。"工业文明、信息文明和生态文明建设在我国早已融合在一起了，生态文明的价值引领和信息文明的思维与技术支撑已经成为我国对传统工业进行升级改造的引领方向和科学保障。其实，在融合发展方面，文化与传媒业已经取得了可喜的成就。"融媒体"这一新概念、新理念就是媒体业融合式现代化的结晶。"融媒体"不是一个独立的实体媒体，而是充分利用媒介载体，将广播、电视、报纸等既有共同点又存在互补性的不同媒体，在人力、内容、宣传等方面进行全面整合，实现"资源通融、内容兼容、宣传互融、利益共融"的新型媒体。这个理念以发展为前提，以扬优为手段，把传统媒体与新媒体的优势发挥到极致，使单一媒体的竞争力变为多媒体共同的竞争力，从而为"我"所用、为"我"服务。教育现代化也要走这样的融合发展之路。

（二）融合式教育现代化的内涵与特征

融合式教育现代化是科学地将教育的工业化进程、信息化进程和生态化进程融合于教育改革创新的统一进程之中，提高教育的健康、发展与文明程度，创建世界先进教育体系的过程。在这一过程中，既要尊重历史传统和现实条件，又要解放思想，勇于开拓创新，积极拥抱新文明；既要学习总结西方现代化经验，又要关注借鉴后现代思想的深刻洞见；既要客观地学习资本主义教育的优秀经验，又要充分发挥社会主义的优越性，努力创造具有中国特色和世界先进水平的强国教育。

融合式教育现代化具有如下九个特征：

（1）高主观能动性：教育现代化本身就是积极进取追求世界先进水平的过程，融合式教育现代化更是积极主动地学习运用现代科学技术，特别是信息科学技术和生态思想与技术，研究其融合策略与途径，使之各扬其长，相互支撑，相互补充，整体效能最大化。

（2）有机融合性：融合式教育现代化不是简单地相加，而是各扬其长地互补互助，是取其优势融合成一个新的有机整体，这个新的整体具有各个组成要素与部分所没有的整体涌现性。

（3）高效性：融合式教育现代化一方面强调以解决实际问题为基础，获得1+1+1>3的最大整体效果，创造更高的效率、更高的质量、更久的持续发展和更先进的教育文明，另一方面主张以更有利于促进发展和幸福为价值导向，运用最实用、最先进的科学技术改进已有的教育教学模式，实现更高质量、更持久的发展。

（4）科学性：科学、民主与法治是现代化的旗帜，科学技术是第一生产力，最大限度地研究、开发与应用最先进的科学技术是融合式教育现代化的重要策略与手段。

(5) 超越性：融合式教育现代化不循规蹈矩地走西方已经走过的经典现代化的老路，而是要尽可能地采用最新的技术和方法开拓创新，强调运用信息化和生态化引领教育现代化，实现跨越式发展。

(6) 人本性：尊重师生，爱护师生，依靠师生，重视学生和教师的幸福感，让教育现代化过程变成积极健康成长、幸福生活的过程，努力增强师生和家长的获得感与幸福感。

(7) 政治性：坚定不移地走社会主义道路，致力于培养社会主义高效能建设者和可靠接班人。

(8) 时代先进性：融合式教育现代化强调认识、思想、手段、途径与结果的最优化和时代先进性，运用最优的融合方式取得最先进、最高效、最文明的成果，走在教育改革，乃至社会改革的前列。

(9) 世界领先性：融合式教育现代化始终以学习和超越世界先进国家、建设世界一流教育强国为目标，积极主动地汲取一切发达国家教育现代化的先进经验，扩大教育开放，加强国家间的学术交流，创造世界领先的现代教育文明。

(三) 融合式教育现代化的模型

依据融合式教育现代化的定义，我们可以画出融合式教育现代化的过程模型：这个模型告诉我们，融合式教育现代化是融合教育生态化、教育信息化和经典教育现代化于对现有教育进行改革创新之中，使现有教育成为在整体上具有时代先进性的新教育，并逐渐达到世界一流教育的变革过程。

实践中需要融合的内容与力量比较多，除了经典教育现代化、信息化和生态化之外，还有优秀教育传统、教育实际问题的解决和全球化等重要力量。

中国是具有悠久历史文化和优秀教育传统的国家，教育现代化绝不是全盘西化，而是要在继承和发扬优秀教育传统的基础上学习借鉴西方发达国家的先进经验。例如，尊师重教、学思结合、因材施教、学而时习之等，都需要大力发扬，并融入教育信息化和生态化的过程之中。教育信息化、教育生态化和全球化进程都需要以"教育实际问题的解决"为基础，解决这一过程之中的实际问题是融合式教育现代化的重要任务与不可回避的使命。全球化进程也是教育现代化的重要力量，新时代中国教育现代化必须在开放的环境中才能有效推进，封闭必然带来狭隘与落后，特别是新时代中国教育现代化旨在成为世界一流教育强国，了解世界、熟悉世界、学习与研究世界最先进的教育经验是必需的基本功，只有在更加开放的全球化环境中，教育现代化才能通过融合创新完成对世界最发达国家教育的超越，创造出具有中国特色和世界一流水平的先进教育思想与教育实践体系。

（四）融合式教育现代化的主要策略

第一，进一步解放思想，突破现代哲学与方法论的束缚，超越"实体哲学"、"二元对立"、"线性思维"、简单相加与零和博弈等现代机械思维，并在更高境界上开展辩证思维、有机思维、过程思维、关系思维、网络思维、整体思维与生态思维，确立包容式发展、合作共赢、多元融合、多层次融合与融合创新等新理念与新方法论。

批判中西文明不能相容的"文明冲突论"、超越"前现代—现代—后现代"（农业时代—工业时代—知识时代）的线性发展论、"资本主义补课论"和"循序渐进论""中体西用"以及"西体中用"论等。这些观点在理论上和实践上都已经证明，在中国行不通。戊戌变法不成，洋务运动不行，全面西化东施效颦、因循守旧地循序渐进只能离时代先进性越来越远，需要寻求新的融合式现代化道路。

第二，以信息与生态文明建设中的新思想、新知识、新制度、新技术的研发和推广为"杠杆点"，增进中国教育的时代先进性，逐步实现对发达国家教育的超越。

"科学技术是第一生产力"揭示出现代发展的真理，美国社会学家贝尔的"理论知识中轴"理论则明示我们新思想、新理论在当今文明转型期具有极其重要的作用。5G竞争中的"专利技术制胜"等理论与现实都告诉我们，现代化的"杠杆"是科学思想与科学技术。教育现代化的"杠杆"是当代科学的先进教育思想和教育技术的研发与推广应用。要紧紧依靠教育思想、教育制度、课程体系、教育方法、教育技术和教育生态建设的跨越式创新，不断实现教育超越，建设教育强国。

融合式教育现代化在一定程度上就是在融合中创新，高效能地解决实际问题，完成对世界先进水平的追求，实现对发达国家教育的超越过程。超越式发展是后发型现代化国家实现现代化的必由之路。新时代中国教育现代化需要来一个"中国高铁式的教育超越"。

第三，以促进"人的现代化"为最根本使命，致力于培养担起"民族复兴与人民幸福"大任的21世纪现代化中国人。

人的现代化的核心是人格的现代化，促进人的现代化可以归结为培养富有中国特色和世界先进水平的21世纪中华现代人格。在2018年全国教育大会上，习近平总书记创造性地提出了教育"以凝聚人心、完善人格、开发人力、培育人才、造福人民为工作目标"的"五人"工作目标。其中,"完善人格"是根本与核心。人格是人之为人的内在依据,是人的心理品质与外显行为的统一整体。培养21世纪德智体美劳全面发展的社会主义建设者和接班人,只有通过不断地完善学生的现代人格来实现,而教育在一定程度上就是不断完善人格的事业。立德树人,教书育人,就是要把完善人格作为教育的根本。从教育现代化的维度上讲,新时代中国教育应超越西方"核心素养"培养,在我国素质教育(核心素养)的基础上,开展"21世纪中华现代人格"教育,"为民族复兴与人民幸福提供人格保障"。这是中国教育实现自身健康持续发展的务本之道,也是建设教育强国、为民族复兴和人民幸福服务的根本使命。

第四,超越"教"与"学"的对立思维,反对"教师中心"与"学生中心"的摇摆,倡导师生共同体,加强师生之间的联系,提高师生互动频率,促进师生之间的合作。

第五,超越讲授与研讨的对立,倡导讲授与自学、研讨的融合,最大可能地运用现代信息技术提高讲授的生动性、启发性、可接受性与前沿性等,优化学习和教学的生态,在师生共同体的境界上改造与重塑教育教学体系。

第六,提升对教育生态的定位,充分发挥生态价值观对教育改革的引领作用,加强教育改革与发展中的生态文明建设,呵护美好人性,爱护与壮大生命,文化育人,生态育人,让教育回归滋养人健康、帮人成长、助人幸福的本位。

第七,大力研发和运用现代化教育信息技术,让互联网思维和智能教育提升教育的人性化、个性化、舒适感与幸福感,并具有更高的效能,更有力地激发生命潜能,更大程度地实现人的全面发展。

第八,积极弘扬中华优秀教育传统,借鉴发达国家现代化教育经验,吸取后现代教育思想对工业化教育批判中的积极因素,以解决当今教育实际问题为根本,在先进思想和先进科学技术的引领与支撑下,创建新时代中国教育健康、高效、持续、蓬勃发展的现代教育体系。

第九,勇于创造教育现代化的新标准,创造具有时代先进性的新教育。创新是最关键的力量,不仅要在制度、课程与方式方法上创新,还要有气魄、有大格局,创造新的教育现代化标准,创建具有时代先进性的世界一流水平新教育的融合式教育现代化,既要坚持具有普适性的时代先进性,也要坚持住中国特色,并将这种特色提炼成西方所不具备的时代先进性。

第二章 基础教育的科学研究与发展

第一节 基础教育的科学研究

教育家苏霍姆林斯基说："如果你想让教师的劳动能够给教师带来乐趣，使天天上课不至于变成一种单调乏味的义务，那你就应引导每一位教师走上从事研究的这条幸福的道路上来。"教育与科研是相互依存、相互促进、共同发展的关系。科研工作体制化、制度化后，教育科研曾一度与教育实践相剥离，成为一种专业化的存在。教育科研与教育实践的分离，使教育科研失去了教育实践的土壤，成为飘浮在空中的云彩，可观可赏而不解决实践中的问题；教育实践离开了教育科研就会落入经验主义的窠臼，成为日复一日、单调乏味的工作，成为教师职业倦怠的深渊，成为教师专业发展的梦魇。众多事实证明，教育科研与教育实践的关系是"研无教则空，教无研则浅"，教育与科研相统一是一种大趋势。

一、基础教育科学研究发展的新趋势

（一）数量化

教育科学研究越来越重视以教学方法作为研究的工具，越来越强调研究结果的量化分析。数量化形式是教育科学研究的重要体现，也是任何科学研究发展的必经之路。基础教育改革的研究也大量采用了定量数据来说明研究结果的可靠性。如模型结构分析"中小学教师职业倦怠研究"中的专业倦怠模型；用SPSS社会科学统计软件包分析和处理研究采集的各种数据，进行因素分析和聚类回归分析，建立数据间的关系，使研究更科学，方法更简明，结论更可靠，而且量化的研究结论对实践产生了重要影响。

(二) 现场化

现场化指的是教育科研除重视理论研究外，更注重应用研究，更强调研究要为社会发展的需要服务，强调与实践的紧密联系。这要求教育研究者在真实的教育现场情境而不是模拟的教学环境中研究人的身心发展规律和教育规律，研究教育现象与问题，提高研究结果在真实教育过程中的应用性和普遍性。中小学教师开展的教学研究一般都是现场式的研究。

(三) 团队化

在传统的基础教育实践中，教师走进教室就意味着自己有一片独立的天空，意味着自己是这里的主人，三尺讲台就是他的全部。因此，教师的劳动更多地体现为个体式的单打独斗性质的劳动。然而，今天的基础教育改革创新已经走出个体创造的时代，仅仅依靠教师个人的英雄主义式的奋斗是难以完成的，必须将教师们团结起来，基于一个共同的教育愿景，形成一个集体的变革力量，才能够推动教育的深度变革。教师课题申报、调查等环节单靠一个人的力量是难以完成的，教育科研必须走向合作共生，把教师个体的专业发展融入教师群体的发展之中，从团队合作的成长中汲取发展的力量，获取发展的资源，实现更大的发展。

(四) 信息化

"互联网+"的时代，基于大数据的教育科研正在成为时尚，传统的教育科研手段在大数据面前尽管没有完全失去效应，但现在更应注意的是大数据和"云计算"对基础教育科研带来重大的影响。基于各种教育统计数据的模型分析，我们不仅更容易把握问题研究的导向与界域，也可以清晰地看到各种研究力量的分布，看到各种观点的交锋。教育事实发生的概率性推理正在左右我们的判断，各种指数和指标的判定正在引导着我们的研究方向和行动实践，对于这样的倾向研究者不能视而不见，应该积极借助信息化的优势，进行科学研究。

二、基础教育科学研究的基本方法

改革开放四十多年以来，基础教育领域的科学研究方法经历了从外在客观的事实评价性研究方法到内省自我提升的研究方法转变，从静态的状态性研究方法向动态的过程性研究方法的转变，从教育学立场的研究方法向基础教育领域问题解决的方法转变。上述转变历程实现了教育实践者与教育研究者的角色统一，实现了教师专业反思与专业成长的统一，实现了教师教育信仰与教育实践智慧的统一。

在当前基础教育改革过程中，学校与一线教师经常使用的一般方法为文献研究法、调查研究法、经验总结法等。近些年，叙事研究法、行动研究法等质性研究法的使用也日渐广泛。

（一）文献研究法

文献研究法是指搜集、鉴别、整理文献，并通过对文献的研究形成对事实的科学认识的方法。通过文献研究，研究人员可以查看其他研究者在这一问题上已经做了哪些层面的研究，这些研究已经获得多大的进展，还有哪些地方值得进一步研究和探索。

文献研究的基本步骤包括检索文献、整理和分析文献、撰写文献综述三个部分。

检索文献是获取课题研究有价值信息的最重要的起始环节。在检索文献过程中，研究人员要判断文献的价值和权威性。通常情况下，研究人员要检索名家的著述、名杂志篇目或名出版社出版的书籍，以获取权威的研究资料。另外，根据教育界知名人士或学者的推荐阅读相关资料也是一种获取有价值信息的重要途径。

整理和分析文献是指研究人员要根据确定的研究领域或选题对检索到的文献进行批判性阅读，对文献进行深度分析。研究人员不仅要深入思考文章表述的观点、呈现的事实和数据，比较分析不同的观点，全面把握文献各部分之间的逻辑关系，对文献中所使用的研究方法、数据和结论进行鉴别，从而判断其科学性和客观性，而且要质疑和批判，要在理解的基础上力求有所发现，形成新的思考，提出新的见解，来指导自己的研究活动。

文献综述是指研究人员在全面查阅文献的基础上，通过归纳整理、分析鉴别，就一定时期内出版或发表的某一领域内有价值的文献的主要内容所撰写的评述。它是研究人员在对某研究领域的文献进行广泛阅读、理解和分析的基础上，对该领域研究成果的综合和思考。文献综述要给研究人员所研究的问题提供一个全面、准确、清晰的背景知识，表明文献的思想与研究问题之间的连续性。文献综述是研究人员明晰自己选题研究价值和研究思路的一个重要研究基础。能否客观公正地评述已有的研究成果，能否找到自己课题研究的立足点和创新点，是判断研究人员研究素养的重要标志。

文献研究法的优点在于可以超越时空条件限制,排除相关干扰,在历史沉淀的资料中进行追寻和演绎,讨论某种教育现象或教育事实;缺点是所获取的文献资料具有历史性、人文性、人为性,需要对众多相互矛盾、冲突的文献资料进行甄别和取舍。这一方面需要研究人员在某个领域具有深厚的文化积累,另一方面也需要研究人员有高度的社会洞察力和穿透力,对研究人员的要求较高在非文献研究法为主导的课题研究中,文献研究的主要目的在于为自己的课题研究选择立足点和突破口,只要文献分析满足自己的研究需要就可以,不必拘泥于文献研究的系统性、全面性要求。

(二)调查研究法

调查研究法是指通过对事实的考察、现状的了解、材料的收集来认识教育问题或探讨教育现象之间联系的研究方法。通常情况下,研究人员按照一定的程序,从全体研究对象中抽取一部分样本进行研究,并以访谈、问卷、测验等间接手段获取资料,然后概括和推测全体对象的特征。调查研究过程一般分为准备阶段、调查阶段、研究阶段和总结阶段四个阶段,具体的方法包括问卷法、访谈法等。

1. 问卷法

问卷法是将一系列事先设计好的问题组合起来,以书面形式征询被调查者的意见,通过对问题答案的回收、整理、分析,获取有关信息的研究方法。问卷法是一种书面调查,它要求被调查者具有一定的书面理解能力和文字表达能力。问卷法常用于了解具体事实或个人意向、态度等方面的内容,它的特点是省时、省力、经济,调查内容广泛,调查样本较大,能迅速收集有关信息,便于统计处理。

运用问卷法,关键在于问卷设计的合理性。问卷编制的原则如下:

(1)主题鲜明、简短。题目要与研究的目的、假设直接相关,与调查无关的题目不要列入问卷。

(2)通俗易懂。题目要清楚,使用的术语要让每个被调查者都能清楚明白。避免使用模棱两可、专业性很强的术语及行话。

(3)一个题目中只能包含一个问题,简短的题目总比冗长的题目要好,简单的题目总比复杂的题目要好。

（4）避免使用带有诱导性的题目，避免使用意义含糊、模棱两可的题目，避免那些会给被调查者带来社会压力、心理压力的题目，避免涉及被调查者隐私的题目。例如："你是否同意严厉惩罚调皮孩子的老师是好老师"这个问题中，文字的表达就带有明显的倾向性和诱导性。

（5）所提问题应是被调查者能够提供信息的问题。文字、语气要尊重被调查者，避免直接问及敏感问题。例如"在日常的教育工作中，你打骂过孩子吗？"这类问题由于涉及社会道德，被调查者在回答问题时会存在疑虑，答案的真实性往往不高。

（6）题目的选择答案应当是可以穷尽的，选项具有排他性。问卷长度要适当控制，回答问题的时间不要超过30分钟，题目数量不要超过70个。

（7）问卷中题目的安排应有一定的逻辑顺序，应符合被调查者的思维习惯，一般按先易后难、先简后繁、先具体后抽象的顺序，相同主题的问题放在一起，相同形式的问题放在一起，把事实性问题放在前面，态度性问题放在后面，封闭性问题放在前面，开放性问题放在后面。

（8）问卷结果应便于统计处理，问卷设计时就要考虑到易于编码、录入、汇总和数据处理。

问卷法的优点是用问卷来收集有关材料，简单易行，方便实用；可以同时对许多对象进行调查，并可在较短的时间里收集到大量信息；由于不署名，在某种情况下结论比较客观；不但可以获得事实方面的信息，还可以获得意向方面的信息；在时间和经费上都比较经济；便于整理归类，有利于进行定量分析。

问卷法的缺点是问卷结果的真实性和可靠性经常受到质疑和批判，问卷所得到的答案的可靠性无法得到检验，收集到的意见真假难辨，没有人能准确地知道回答的真实性程度。另外，问卷的题目和答案编制要求较高，难度较大；问卷往往只能得到表面的东西，不能深入了解被调查者真实的内心状况，要深入了解还需其他方法的配合。

2. 访谈法

访谈法指通过与研究对象的直接交谈来收集所需资料的调查方法，又称谈话法或访问法。访谈法常用于教育调查、心理咨询等领域，适用于向被访者了解心理体验、情感以及对某一事物的意见、态度、评价等方面的信息。访谈既有事实的调查，也有意见的征询。访谈一般以面对面的个别访谈为主，也可采用小型座谈会、调查会的形式进行团体访谈，还有通过电话进行的电话访谈等。

访谈是人与人之间的交往活动,是社会互动的一种方式。通常被访者不会随意向他人提供资料,所以访谈法成功的关键在于访谈者的言语表达艺术和交谈技巧。访谈者实施访谈前要做好访谈的准备工作,选择适当的访谈方式,把握调查内容,设计好访谈调查的提纲以及记录表格,选择访谈对象,初步了解被访者的情况,选好访谈时间、地点和场合等。

访谈者进入访谈现场要与被访者建立良好的关系,注意自己的言谈举止,以诚相待,取得被访者的信任,使其愿意合作。通常,访谈者应先做自我介绍,说明来意,以求得被访者的理解和支持,做好访谈的准备工作。访谈过程中,访谈者要注意创设适当的谈话情境,营造畅所欲言的氛围,提问要明确具体,不对被访者进行暗示和诱导;访谈应避免令人尴尬的或尖锐的问题;谈话内容要即时记录或录音,如无法即时记录,事后要追记,要及时整理访谈记录。

访谈法的优点是比较灵活,访谈者与被访者直接交往,有利于捕捉和了解所需材料,并且可以通过追问和引导获取新的深层次的信息。访谈形式简单易行,适用面广,获得的资料比较真实可靠,尤其适合于文化程度较低的儿童少年。另外,访谈法的控制程度比较高,访谈者可以主动控制访谈情绪,掌握访谈过程的主动权。

访谈法的缺点是样本小,耗费时间和精力较多,代价较高;对访谈结果的处理与分析较复杂,由于标准化程度低,难以做定量分析。有时被访者在回答问题时顾虑重重,尤其是对一些敏感性的问题,往往回避或不做真实回答。另外,访谈者的价值观、态度、语气、谈话的水平都会影响到被访者对问题的回答。

(三) 经验总结法

经验总结法一般是对先进的教育经验进行总结,并希望通过经验总结,将先进的经验推广到更大的范围内,产生更大的效果,是对教育实践中出现的成功做法、举措,获得的有价值的经验和思考,深刻的教训及其案例、故事等进行追溯、归因分析、概括,使之系统化、理论化的一种研究方法。

该方法运用过程中,选择有价值和推广意义的经验或引发大家深刻省思的教训,成为经验总结法应用成功的关键。运用经验总结法应注意以下问题:

一是从教育教学实践中总结经验。教育经验存在于教育实践中,伴随着教育的实践活动而产生,是在解决教育问题、冲突、困难和矛盾的斗争中产生的新思考、新做法和新举措,将这些新思考、新做法、新举措进行系统的总结,就会发现问题解决过程中的利弊得失,从而发现蕴含于教育教学实践中的教育原理和规律。

二是坚持实事求是的科学态度。总结经验以客观事实为依据,坚持实事求是的科学态度。总结经验不能只靠主观印象,按事先设定好的框架,想当然地推断结论,而是要踏踏实实地在全面占有事实资料的基础上,用事实和数据来说话。

三是寻找理论的支撑点。经验总结应具有科学的理论依据和可靠的事实依据,应对经验事实进行科学的理论概括。经验总结不能仅停留于事实材料的描述上,而要努力把经验上升到理论,使经验具有普适性。

经验总结法的优点是不干预教育教学的自然进程,而是采用事后追溯的方式进行研究,有较好的可行性、实践性,可以丰富教育理论,使教育理论与教育实践密切结合;容易为广大教师理解、接受、模仿,能保存和推广教育实践中的先进经验,有助于增强教师的业务素质,提高教育质量。

经验总结法的缺点是控制条件不严密,理论性欠缺,结果的可信度不高,难以确切地导出教育措施与事实结果之间的因果关系。另外,经验总结法的经验难以检验。由于时空对象的转移,此时此刻的经验不一定适用于彼时彼地的情境。

第二节 基础教育的均衡发展

基础教育的均衡发展是社会公平的重要基石。由于我国基础教育发展状况的多样性和复杂性,我们认为,基础教育的均衡发展应该是内涵发展与外延发展并重,质量发展与数量发展并重,全体发展与特色发展并重,同步发展与差异发展并重。为此,既要从国家的整体高度对全国基础教育的均衡发展做出宏观布局和针对性支持,同时要充分发挥地区、省、市、县、校等各级主体的积极性、能动性和创造性,促进基础教育均衡发展的灵活性和适应性。

一、基础教育的区域均衡发展

对于基础教育的区域均衡发展,我们对三种层次类型的教育区域加以分析,包括宏观上国家西部、中部、东部三大区域的教育均衡发展;中观上省域、市域、县域等层次的教育均衡发展;微观上学区和校际层次上的教育均衡发展。

(一)西、中、东部地区的教育均衡发展

1. 西部地区的基础教育均衡发展

由于西部地区的经济发展水平较低、社会文化更新缓慢、地理环境不便、资

源匮乏等主客观原因的制约，我国西部地区12个省、市、自治区的义务教育发展的水平和质量都很低，发展速度缓慢，成为我国义务教育均衡发展中最为薄弱的环节。为此，国家采取了一系列措施来促进西部地区基础教育的发展，整体推进国家基础教育的均衡发展。在国家的政策、资源、资金等大力支持下，西部地区的基础教育获得了较大的发展，西部地区的孩子们"有学上""能上学"，而且能"上好学"。经过十几年的发展，西部义务教育各项数据都实现了既定目标，但总体发展水平与全国平均水平尚有一定差距。

西部地区义务教育均衡发展目前存在两个较大的问题：一是西部不同省份和区域之间存在很大不均衡，二是西部地区义务教育均衡发展多是低水平均衡发展，即所谓"低水平教育均衡陷阱"。在促进教育条件均衡（机会均衡和物质均衡）的基础上进一步促进教育质量均衡发展，这将是义务教育均衡发展的战略目标，也是很大的发展难点，尤其对西部而言更是如此。西部地区义务教育发展面临的具体问题包括：

（1）图书资料、教学仪器设备等办学条件不足，英语、音体美和信息技术教师极为缺乏，这些是基础教育条件均衡中的问题。

（2）更严峻的是基础教育质量均衡的问题，农村地区优质教育缺乏，包括师资队伍水平依然偏低，结构性缺编严重，优秀教师流失严重，优质生源向城镇流动比例较大，很多"希望学校"几乎变成了"空壳学校"，这些都加剧了西部农村地区教育质量的下降。

（3）留守儿童和流动儿童的受教育问题更是日益突出。各地在实施过程中由于户籍、流入地区学校接受能力等问题使得政策执行普遍遇到了一些实际困难。

如何进一步促进西部地区基础教育均衡发展，提高义务教育均衡发展的质量？这是现在和未来需要不断探索和实践的重要问题。对此问题的解决，应该多管齐下，既要加大国家的投入和支持力度，又要逐步加强西部地区的自我发展能力。

第一，差别对待，进行针对性扶持。针对西部省际和区域不均衡现象，应继续按照差别对待的原则，加大中央和省级财政的转移支付力度，加强对西部义务教育的薄弱区域、薄弱学校、薄弱群体的支持，加大扶持力度，改善薄弱地区办学条件。

第二，整体推进，实施标准化建设。鉴于西部地区整体发展水平依然较低，各级政府应加大对西部地区义务教育的投入，不断完善义务教育经费保障机制，落实和推进《国家中长期教育改革和发展规划纲要》提出的义务教育阶段学校标准化建设，普遍改善西部地区学校办学条件，提高办学水平，保证西部学校教育质量。

第三，保证质量，建设合格教师队伍。为切实保证西部学校教育质量，必须加强师资队伍建设，通过教师培训、支教计划、特岗计划、免费师范生、分流交流等途径普遍提高教师的教育教学能力和水平，通过加强工资、编制、职称、特殊津贴等优惠政策保证师资队伍的稳定性和结构合理性，吸引更多优秀教师支援西部教育发展。

第四，创造条件，落实"两为主"原则。各级政府应切实解决流动儿童和留守儿童的教育问题，为此，要积极创造条件，探索有效措施，真正落实"两为主"原则。各级政府可以通过建设寄宿学校，建立关注和关怀的多种渠道，提供特需服务体系，以帮助留守儿童获得较好的基础教育和社会照顾。

第五，跨越发展，充分利用信息技术。各级政府应加强西部学校信息化建设，创建互联网教育平台，利用网络和信息技术促进优质教育资源向西部地区的传播，以缩小教育资源和教育质量的地区差距。

2. 中部地区的基础教育均衡发展

中部地区基础教育发展状况与其经济社会的发展状况相似。中部地区为国家经济发展提供了强有力的基础力量，然而，长期以来缺乏国家在战略上的关注，面对东部的繁荣发展以及西部大开发的夹击，中部呈现尴尬的"不东不西，不是东西"的特别现象。论发展水平，中部比不上东部，论发展速度，中部赶不上西部。受社会经济发展状况的制约，中部地区基础教育的发展也呈现出发展水平落后于东部、增长速度落后于西部的情况，呈现出所谓的"中部塌陷"态势。在办学条件方面，中部地区基础教育在生均校舍面积、生均图书数量、生均仪器设备上大都低于东部和西部，班级规模则高于东部和西部。在教育经费投入方面，受地方财政能力影响，中部地区在生均教育经费指标上落后于东部和西部地区。在师资配备方面，从总量上看中部地区专任教师规模最大，但与东部地区相比，专任教师中具有本科以上学历的比例偏低。在教师工资收入方面，中部地区教师工资水平偏低，中部地区教育行业年人均收入水平最低，不仅低于东部地区，还落后于西部地区。

中部地区基础教育的发展出现塌陷的现象有复杂的现实原因和影响因素。首先是经济发展的原因。中部地区经济发展水平一般，发展速度缓慢，而基础教育的发展严重依赖地方经济的发展，这就直接影响和制约了中部地区对于教育的投入。因为一个地区（乡镇、县、区、市、省）的教育发展与所在地区的经济发展和财政收入直接关联。其次是教育管理体制的原因。我国是以县为主的义务教育财政体制和管理体制，其重心太低，省级以上的教育财政责任较小，县区经济发展水平及县区政府管理水平都制约着当地基础教育的发展，这极大地影响了基础教育的均衡发展。再次是教育供需矛盾的原因。由于中部地区省份大都人口基数大、人口密度高，教育需求巨大，需求与有限的教育供应之间形成很大的矛盾，给基础教育及其发展带来了巨大压力，具体表现为生均教育经费少、班级规模大、优质教育资源匮乏、升学压力大等。最后是扶持政策的原因。由于多方面原因造成的"中部塌陷"现象，单纯依靠地方是难以保证中部地区基础教育均衡发展的，必须有更加上位的宏观政策支持。但是，中部地区基础教育的发展恰恰缺乏这方面的力量支持。中部地区获得的中央财政支持较少，转移支付制度缺乏，中央政府近年来实施的一系列教育扶持政策主要是针对西部地区的，缺乏对于中部地区基础教育发展的合理政策扶持。

针对"中部塌陷"问题，有研究者提出，应采取填谷与崛起的双重跨越式的发展战略。首先，填补谷底。面对义务教育"中部凹陷"及其谷底的形成，国家及相关部门先后出台了一系列补偿性政策来加以填补。其次，实施双重跨越，促进中部地区农村义务教育均衡发展。为此，国家应调整中部地区农村义务教育的补偿性政策覆盖范围，整合形成具有更大倾斜度的补偿性政策体系。国家在财政方面予以重点支持，填补中部地区农村义务教育历史形成的政策疏漏和资金欠缺；也可以通过转移支付和奖励性政策，大力推进义务教育学校标准化建设，均衡配置教师、设备、图书、校舍等资源，缩小中部地区农村义务教育与东部地区、西部地区之间的差距，实现填平补齐。

3. 东部地区的基础教育均衡发展

东部地区基础教育发展的各方面基础都较好，发展的自主性也较强，基础教育均衡发展的水平在三大地区中也是最高的。由此，东、中、西部地区在基础教育均衡发展的数量和质量上，呈现出不同的发展水平和发展阶段，西部地区主要处于初级发展水平，中部地区主要处于中级发展水平，东部地区主要处于高级发展水平。有学者将当前我国义务教育均衡发展的状况分为三个不同水平（或阶段），即初步均衡、基本均衡和优质均衡。我国东部地区大多数地方的义务教育已经处在"优质均衡"的发展阶段，中西部地区则大多处于基本均衡甚至初步均衡的阶段。初步均衡的目标是使所有适龄少年儿童都"有学上"，解决"上学难"的问题；基本均衡的目标是使所有适龄少年儿童都能"上合格的学"；优质均衡的目标则是使所有少年儿童能"上好学"和"上自己喜欢上的学"。优质均衡是更高级的发展阶段，其重点和核心是质量均衡，其基本发展方式是从外延式发展转向内涵式发展。我国义务教育均衡发展有四个阶段：第一阶段属于初步均衡阶段，第二阶段属于基本均衡阶段，前两个阶段属于基础性均衡，第三阶段属于优质均衡初级阶段，第四阶段属于优质均衡高级阶段。西部地区处于第一阶段基本实现而向第二阶段发展之中，中部地区处于第二阶段并逐渐向第三阶段发展，东部地区则基本实现第三阶段而逐渐向第四阶段发展。对全国基础教育均衡发展而言，处于上一阶段的地区一定程度上能够为处于相对下一阶段的地区提供经验的借鉴和资源的支持。

东部地区目前主动向高级阶段的基础教育均衡发展迈进。为此，第一，向纵深发展，加强发展薄弱环节。这是指加强对局部弱势的地区、相对弱势的学校和相对弱势的人群的扶持，在整体得到发展的基础上，尤其需要进一步关注这些基础教育均衡发展的薄弱环节。第二，向高端发展，提供多样化教育服务。高级阶段的基础教育应体现前沿的教育理念，其中很重要的是满足社会和学生不同的、多样化的教育需要，使基础教育既有很高的质量，也能满足独特的需求。第三，向长远发展，探索可持续发展路径。东部地区的基础教育均衡发展体现的是我国基础教育发展的前沿，因此东部地区应探索我国基础教育事业长远可持续发展的模式和路径，为中西部地区和整个国家基础教育事业的发展开拓前景。

综合来看，东部地区要解决的问题是如何提升内涵式发展的品质，实现优质均衡；中部地区要解决的问题是如何消除升学主义的流弊，提高整体教育质量，转向内涵式均衡发展；西部地区要解决的问题是如何在基本实现初步均衡的基础上，探索自主性的可持续的发展路径和策略，拓宽覆盖面，提升均衡水平。

（二）省级、市级、县级统筹教育均衡发展

对于基础教育均衡发展，各级政府有各自不同的职责和不同的发展策略。中央政府层面主要是对整个国家的基础教育进行宏观调控与统筹，努力缩小西、中、东部地区的教育差距，缩小省际的教育差距，使教育适应于国家发展的水平和需要，促进整个社会的发展进步。省级政府层面则要加强省级统筹的力度和统筹能力，将基础教育均衡发展的责任重心上提，对上落实国家基础教育均衡发展的政策和策略，对下激活区域基础教育发展的活力，为本省基础教育的均衡发展提供多种支持，制定合理规划，探索适合于本省的发展路径和策略，整体推进省

域基础教育的均衡发展。县级政府和区级政府层面是各级政府主体中具体地开展基础教育均衡发展的实践主体，责任重大，要加强对各项教育经费的统筹，加大对农村学校和城镇薄弱学校的投入，改善农村学校和城镇薄弱学校的办学条件，依法履行对农村中小学教师的资格认定、招聘录用、职务评聘、培养培训、调配交流和考核等管理职能，加强辖区内教师资源的统筹管理和合理配置，建立和完善基础教育均衡发展的监测制度等。

中央、省级、市级、县级等不同政府主体之间应合理互动、协调合作，才能实现基础教育的普遍、高效的均衡发展。为此，各级政府应做到"上下结合""左右联合"。"上下结合"包括两条路线的结合：一是"自上而下"，国家制定宏观政策和全国整体战略布局；省级领会和执行国家宏观政策和战略，并探索和制订本省的发展规划；市级推进省级规划，制订市域基础教育发展方案；县级则采取行动，实施和执行更为具体的发展方案。二是"自下而上"，下一级的区域均衡发展目标的实现将推进上一级目标的落实，由校际均衡促进县域内教育均衡，县域内教育均衡带动市域内教育均衡，以市域内教育均衡促进省域内教育均衡，最终实现全国均衡。下一级的区域均衡发展状况也将反馈到上一级并逐级向上反馈，帮助上一级做出更加合理的均衡发展规划和决策。"左右联合"是要在国家层面上促进省际互动与联合，在省级层面上促进市际互动与联合，市级层面上促进区际和县际的互动与联合，区县级层面上促进校际的互动与联合。在不同层次的多样互动与联合中，促进优质经验和优质资源的流动，能够带动更大范围的基础教育均衡发展。

国家对于基础教育均衡发展要在全国层面上进行整体的统筹规划，给东部更大的发展空间，给中西部更多的发展支持，激活各个地区发展的活力，促进地区之间的互帮互助，促进省际互动合作，落实统一的均衡发展政策，等等。

省级政府在推进基础教育均衡发展方面发挥着重要的统筹作用，应基于国家的基础教育均衡发展政策，调查研究本省基础教育均衡发展的整体状况、存在的主要问题、面临的主要困境，以及已经取得的优秀经验等，据此，提出全省基础教育均衡发展的整体思路和策略，制定发展规划、实施步骤和保障措施等，保障市、县、学校真正落实发展政策和发展规划。例如，对于学校的标准化建设，省级政府要制定本省所有学校办学的基本标准，了解全省学校发展的现实状况，分析薄弱学校的分布，制定有针对性的学校标准化建设思路；要积极争取多方面资金的投入，开拓优质教育资源流动的空间，发动多种支持基础教育发展的力量等，以促进学校标准化建设落到实处，尤其应关注农村地区学校和城镇薄弱学校的发展；要建立市县的激励机制、监督机制和问责机制，以此来保障市县一级能积极推进学校的标准化建设。

市级政府应积极承担起自身在基础教育发展中的责任，对于本市的各区各县进行调查研究和统筹安排，保证各区县的基础教育均衡发展，保证城乡的基础教育均衡发展，尤其对于基础教育薄弱的区县和乡村要加强政策、资金和资源的投入与支持，不能只评价不支持，只重视好的不重视差的，只管城区不管乡村，甚至推卸市一级的责任或完全放手不管。市级政府应统筹规划本市基础教育的均衡发展，积极筹备和推进教育经费的落实，不断优化财政支出结构，在全市范围内合理配置教育资源，坚持向薄弱的区县和乡村倾斜，为薄弱区县学校、乡村学校提供发展指导，建立基础教育均衡发展督导评估制度，切实保证本市基础教育的均衡发展。

县级政府是教育系统中最基层的政府实施主体和责任主体，在基础教育均衡发展中的作为直接影响我国基础教育发展的整体水平和质量。新修订的《中华人民共和国义务教育法》进一步明确和完善了以县为主的义务教育管理体制，农村义务教育管理由"以乡镇为主"转变为"以县为主"。以县为主的基础教育管理体制是尤其管理重心的提升有利于在县级层次上统筹本地区基础教育的发展，有利于促进本地区不同乡镇基础教育的均衡发展。各县级政府应积极承担起自己的责任和义务，在实践中切实推进本地区基础教育的均衡发展，包括县域教育事业发展整体规划、县域学校网点布局的规划与调整、农村危旧学校房舍的维修与改造、县域中小学校长及教师队伍的流动与建设、县域内学校教育教学的交流互助与协调管理；县域教育经费投入的适当增加与合理支配，还应积极争取国家、省、市的财政资金和社会资金的支持。

整体来看，基础教育的均衡发展目前主要依赖于政府层级的两端，即中央一端和区县一端，市一级次之，省一级又次之，也就是说，呈现出"两头大，中间小"的态势。然而，缺乏了省市的中间过渡、支持和作为，全国基础教育的均衡发展是难以高效、高质展开的。所以，各级政府应在基础教育均衡发展的整体系统内，承担各自在基础教育均衡发展中的责任与职能，相互协调支持，共同促进我国基础教育的均衡发展。

二、基础教育的学校均衡发展

全国基础教育的均衡发展最终要落实到学校的均衡发展上。在推进基础教育学校均衡发展方面，各地探索出了多样化的模式和途径，开展了丰富的学校均衡发展实践，在很大程度上缩小了学校之间的差距，在微观层次上促进了基础教育的均衡发展。

（一）标准化学校建设

所谓标准化学校，"就是在义务教育领域内根据法律规定，确保全国基础教育大体拥有均衡的物资条件和师资队伍条件的规范化学校"。标准化学校的建设主要是在国家层面对全国基础教育的学校进行建设改造，使每一所中小学校在师资、课程、校舍、设施、环境、仪器设备、图书资源、信息平台等方面都能达到一个相对统一的义务教育阶段学校办学标准，从而为不同地区的学生提供相对均衡的办学条件。学校标准化建设是实现义务教育均衡发展的重要战略举措。

在全国学校标准化建设过程中，我们依然面临众多的现实挑战，尤其是城乡之间、地区之间的巨大差异在很大程度上制约了这一进程。有调查研究显示，我国义务教育学校标准化建设成就突出，办学条件得到大幅度改善，但是，义务教育学校标准化建设"内涵化"任务艰巨，城乡差距、区域差距依旧存在。这正是我国学校标准化建设面临的现实问题。学校标准化建设在底线标准上容易实现，但是在更高标准上，城乡之间、在不同发展水平的地区之间有着较大的差异。我们必须理性地认识和对待这一现实状况，理性地选择和探索合适的学校标准化建设和学校发展路径。为此，我们必须正视城乡之间、地区之间教育和社会发展非均衡的现实，从本地区的教育、经济与社会发展的现状出发，在国家统一的学校标准化框架下，合理确定本地区农村标准化学校的各项标准。基础较好地区的学校要以更高标准去发展，基础较差地区的学校首先要达到底线标准，再进一步提高，这才是较为理性和稳妥的发展路径。

基于目前的研究和发展情况，推进学校的标准化建设应从几个方面的基本工作着手：

首先，制定统一、合理的学校标准化建设标准体系。结合当前经济社会发展状况和未来教育发展的需求，制定更加符合国情的国家义务教育学校办学条件标准体系，各省以国家标准为底线标准，根据各自的实际情况制定省级学校建设标准，且不能低于国家标准。

其次，根据国家标准和省级标准对学校办学条件展开普遍调查，基于调查结果提出针对性建设方案。各省根据基本标准，摸清本省域范围内学校建设情况后，提出有序的、有针对性的学校建设方案，不同发展水平的地区和学校要有不同的建设目标和方案，尤其要重视对贫困地区薄弱学校标准化建设的支持，要补齐短板，提高长板。

最后，加大地方建设标准化学校的力度。各省应积极敦促、监督和支持市县乡镇地方切实落实当地的学校标准化建设，逐县逐校建立义务教育学校标准化建设台账，对照国家标准和省级标准，切实改善学校办学条件，逐渐推进全国范围内学校标准化建设。

（二）学校委托管理策略

学校委托管理来源于对企业委托经营管理方式的借鉴以此推动学校之间教育均衡发展。上海的基础教育是做得最为成功的基础教育之一。上海市基础教育委托管理发端于浦东新区。浦东新区自2005年开始在东沟中学实施公办学校"委托管理"模式的实验，并取得成功，从2007年起，上海市教委将该模式推向全市。上海市学校委托管理的实施策略是地方政府以契约的方式，以第三方评估为基础向教育中介组织购买公共服务。学校委托管理的特征是委托管理的责任主体不变，学校的章程不变，学校法人不变，只是将学校的管理权交给委托学校，通过城市优质名校托管农村薄弱学校，促进品牌学校文化的跨区域流动；以多元的委托管理主体，推动学校特色发展；采用团队契约式托管，实现效应最大化。

学校委托管理的策略对于促进薄弱学校的发展起到了积极作用，但由于其内部存在管理和发展方面的复杂性，从而产生了一些问题。首先是托管年限的问题。从理论上说，托管时间的长短应根据所托管学校发展的状况和自我发展的能力而定，当学校具备了良好的发展状况和自我发展能力时，就可以解除托管。但是在实践中由于需要考虑人力、物力、财力以及管理方面的现实状况和问题，托管的时间常常不能按实际需要划定，从而影响托管效果。其次是托管学校的自主发展问题，被托管学校由于受到城市优质名校的支援和托管，能够在短期内快速发展，但这种快速发展常常是没有后劲的，一旦托管期结束，被托管学校常常再次进入发展停滞状态甚至倒退状态。为此，在托管过程中，委托学校要有意识地探索策略和途径，培养被托管学校自我发展的能力。再次是实践偏离问题。委托管理的实践过程难免会有偏离制度设计初衷的现象，如受托管学校应为相对薄弱学校，而实际上有的区县推荐的学校并非薄弱学校；托管目标和范围窄化，委托学校不能帮助受托管学校获得全方位的发展，而只是局部改进或浅层次改变，这些都影响了托管的质量和效果。

第三节　促进基础教育公平的方法

教育公平是社会公平的重要基础，是社会公平在教育领域的具体体现。促进教育公平是我国基础教育改革发展的基本价值取向，特别是近四十年，党和国家对教育公平的重视程度前所未有，让每个公民都享有平等的受教育权是宪法赋予公民的基本权利。教育公平包括教育权利平等和教育机会均等，其核心是保证公平享有平等的受教育权，关键是教育机会均等，重点是促进义务教育均衡发展和扶持困难群体，根本措施是合理配置教育资源，向农村地区、边远贫困地区和民族地区倾斜，加快缩小教育差距。教育公平的主要责任在政府，全社会要共同促进教育公平。同时，还要加强和促进学校内部的教育教学公平。

一、教育公平的内涵、价值与必要性

（一）教育公平的内涵

公平是指处理事情合情合理，既不偏袒，也不歧视，是公认的正确的平等，是依据公认的正确的价值观与道理，对公共事务平等程度的判断。平等是公平的核心要义，正确、正义或合理是公平的价值追求。平等强调的是数量、程度与品质上的一致性，正确、正义或合理则强调政治、伦理、道德、法律上的公正性、正确性与合理性，二者合在一起构成完整的公平。数量相等的分配不一定公平，数量不同的分配也不一定就不公平，这要取决于接受者的需求与价值。正如亚里士多德所说，"公正在于成比例"，应根据各自价值分配才是公正。无论分配利益或分担责任，都应该和接受者的价值、功绩、实际需求或能力相适应。例如，成人和儿童具有同等的吃饭权利和机会，这是绝对的，决不能偏袒和歧视任何人。但如果规定成人和儿童必须吃同等数量的粮食就不公平了，因为这样的结果是成人没吃饱或儿童吃不完，都不合理、不正义。所以，社会公平更多的是要保证每个人在法律、政治、伦理、经济等方面的权利、机会、基本公共待遇与福利等方面的平等，但不能保证每个人的发展水平、生活水平和幸福程度都能完全相同，这种结果上的相同是无法保证的，也是不合理的。所以，平等是必要的、应该的，但不能将之绝对化，否则就违背了社会正义。

教育公平是社会公平的重要组成部分，既是社会公平的起点和基础，又是促进社会公平的重要工具与手段。健康文明的社会都将教育公平作为基本的价值追求和促进全体人民全面发展的必要手段与途径。关于教育公平的定义，学者们的表达虽有不同，但基本内涵是清楚的。综合已有研究成果，笔者发现教育公平是合情合理地处理教育事务，是合乎先进价值观的平等。今天社会所追求的教育公平不是简单的教育普及，而是依据一定的经济基础，在社会体制、制度和正确价值观指导下的教育权利、教育机会、公共教育资源分配、教育过程待遇和教育结果方面的平等，即教育事务中的权利公平、机会公平、资源分配公平、教育过程公平和教育结果公平。

第一，教育公平作为社会公平的组成部分，受经济基础、政治制度、法律法规、教育管理体制的约束，没有脱离经济基础、政治制度与教育管理体制的教育公平。例如，义务教育的年限是衡量一个国家教育公平程度的重要指标，这一指标与国家的经济基础、政治体制和教育价值观密切相关。当然，对教育公平的追求也会促进政治经济、社会制度、教育体制与制度的改革与完善。

第二，教育公平是在正确的先进的价值观指导下的教育平等。我国的教育公平是构建和谐社会的基石，是在社会主义核心价值观指导下的教育公平。违背社会主义核心价值观的绝对平等，不是正义的教育公平。例如，无视社会主义初级阶段的具体国情，要求人人都上大学就不合理；无视城乡二元结构的现实，要求地广人下稀的农村学校和城市学校具备相同的师资力量当下显然不太现实。

第三，受教育权的公平是教育公平的基本内涵。人生而平等，每个人都拥有平等的受教育权。《中华人民共和国义务教育法》第四条规定："凡具有中华人民共和国国籍的适龄儿童、少年，不分性别、民族、种族、家庭财产状况、宗教信仰等，依法享有平等接受义务教育的权利，并履行接受义务教育的义务。"教育公平首先要保证公民的受教育权。

第四，教育机会均等是教育公平的核心。教育机会均等一直是教育公平问题研究和关注的焦点。在教育权成为基本人权，人人平等基本已成为共识的背景下，教育机会均等就成了教育公平问题的核心和推进、评价教育公平的重要指标。"在由传统社会向现代社会转变的民主化浪潮中，教育机会均等成为各个民主国家为保障基本权利而竞相追求的目标。'均等的'教育机会，不但成为实现民主的基本途径，而且是全社会为开发人力资源而积极努力的目标。"教育机会均等主要包括四方面内容：一是国家举办的各种教育要向所有适龄人口开放，不得存在性别、民族、种族、家庭财产状况、家长职位与地位、宗教信仰等方面的歧视；二是国家要保证每位公民都能够享有同等的受教育机会，不受地区、贫富和健康状况的影响；三是在受教育过程中，国家、教育行政部门、学校、教师和其他教育者要保证每位受教育者得到相同的待遇；四是每位受教育者都能够得到适合其个性需求、使其全面充分发展的高质量教育。当代的教育机会均等已经不再满足于人人受教育，而是要求人人都享有高质量的教育。

第五，公共资源的平等分配是教育公平的关键。教育是有条件的，离开了校舍、经费、设备、师资等物质条件的支持，教育公平就只能是幻想。一个国家或地区的教育公平程度，最主要的评价指标之一就是教育资源分配是否公平。公共资源的平等分配具体表现为生均教育经费、校舍建设水平、教学设备的配备情况、校长的领导水平、师生比与优秀师资的分配、家校距离、课程保障、教师进修培训、教育督导与咨询服务等各项指标的均等。历史上几乎所有的教育不公平都与教育资源分配不公平有着重要关系。改进公共教育资源分配的公平程度，加强对弱势地区、学校、人群的教育资源补偿，是提高教育公平程度的重要支点。

第六，教育过程中平等地享有教育教学待遇是教育公平的日常体现与实践保证。学生在每一天的学校生活中是否得到了公平的教育教学服务是学生自己能够体验到的最直接的教育公平，这也是权利公平、资源分配公平在教育过程中的具体体现和必然要求，更是教育公平真正实现的过程保证。离开了过程公平，权利公平和资源分配公平都难以真正变成现实，或者难以落实到每一所学校、每一个人。教育支出平等、教学水平与教育质量平等、设备使用平等、参加活动平等、申诉平等、提问平等、检查评比平等、作业平等、教师的关注平等、发言平等、表现机会平等，都是教育过程平等的具体要求与评价指标。

第七，教育结果公平主要是指每个人都能在实现教育目标方面达到与其发展潜能和努力程度相一致的发展水平，而不是每个人都达到相同的标准，都取得同样的成绩。也就是说，教育结果公平主要体现在每个人都得到恰当的教育，获得力所能及的理想发展，而不是在某一个方面达到同样的水准。所以，一般情况下，在教育上不能追求教育结果在水平上的绝对平等与相同，而要努力为学生提供各种学习机会，采取不同的方式方法激发学生的学习兴趣与行动，使之获得充分的发展。正如褚宏启教授所说："教育结果的平等是不存在的，要求产生同样的教育结果，是一个乌托邦。追求结果平等在公共政策层面是不可能的，事实上也是不可行的。但是教育结果的公平是存在的，因为依照上述分析，基于教育机会平等所产生的教育结果的不平等是公平的。"教育结果公平的另一个含义是指接受同样时间的教育，付出同样的努力与投入，获得的发展结果应该得到同样的尊重与认可。不能只重视语文、外语和数理化方面的教育结果，而轻视体育、艺术、德育和技术方面的教育结果；职业中学毕业生与普通中学毕业生应该获得同样的尊重与社会认可度，其就业与发展机会应该平等。

第八，对于不发达地区、弱势群体和弱势个人应该主动地给予补偿和关照。教育公平受地区之间、城乡之间的影响，不平等的社会历史留下了不平等的教育现状，要提高教育公平的水平，就需要通过增量弥补过去的差距，对不发达地区、弱势群体和弱势个人的教育进行补偿，要给他们更多的关照。这是教育公平的应有之义，通常称为教育公平的补偿原则。

第九，除了受教育者的权利和待遇之外，教育公平其实还包括教育者权利、工作资源、工资报酬、教育工作条件与待遇方面的公平，以及教育事业和学校建设发展公平等。不过，目前我们所说的教育公平主要是指受教育者的公平。

第十，教育公平的目的不是将现有的教育水平拉平，而是要保证每个人的受教育权，为每个人提供平等的教育机会和适合的高质量教育，使所有学校、所有学生都平等地获得应有的发展。

（一）教育公平是社会主义教育的必备品质

公平正义是现代国家共同坚持的价值观，教育公平是民主国家和文明社会共有的品质。教育公平是社会主义的本质属性，是共产党执政为民的本质体现。享有公平的受教育权，是我国宪法和法律法规明确规定的基本人权。《中华人民共和国义务教育法》第四条规定："凡具有中华人民共和国国籍的适龄儿童、少年，不分性别、民族、种族、家庭财产状况、宗教信仰等，依法享有平等接受义务教育的权利，并履行接受义务教育的义务。"法律规定在法律上赋予每一位公民平等的受教育权利，并且规定了我国基础教育的公平性。从这个角度讲，如果我们的教育政策与实践不公平，就违背了国家的法律，是违法行为。之所以大力倡导教育公平，一方面是因为我国教育公平方面出现了问题，另一方面是因为这是法律规定的必须保证的教育品质。所以，教育公平作为一种正确的价值观和法律规定，必须高度重视，切实保证。

（二）教育公平是社会公平的起点、基础和重要组成部分

在现代文明社会，人只有通过一定年限的教育才能成为合格的社会公民，不接受足够的教育，就难以保障和行使个人的正当权利，其职业发展、社会生活和创造幸福的能力与机会都会受到影响和限制。例如，一个文盲很难掌握现代化生

产技术，很难有效行使本来拥有的选举权和被选举权。一名受过高等教育的人和一名只有初中文化程度的人，在职业选择和发展机会等方面都是不一样的。从这个意义上说，教育公平是社会公平的重要基础，不公的教育会造成社会起点的不公平。广义的社会公平可以分为政治公平、经济公平、教育公平、文化公平和环境条件公平，教育公平是社会公平的一个子系统，是其他公平的前提与基础，是保障个人发展的起点公平，"没有教育公平，就谈不上社会公平"。我国对教育公平的重视来源于马克思主义的社会主义理想。

（三）教育公平是使每个人都受到高质量教育的保障

教育公平与提高教育质量紧密相关，强调教育公平的目的是普遍提高教育质量，让每个人都享有高质量的教育，而不是将现有的教育发达地区和高质量学校的质量拉低到与其他不发达地区和低质量学校一样的低水平。教育公平和教育质量不是对立的，应该把二者紧密结合起来。教育公平呼唤教育质量，依靠教育质量，教育公平本身就是教育质量的应有内涵；教育质量需要教育公平，提高教育质量需要不断完善教育公平制度。教育公平是高质量教育的公平，教育质量是公平教育的高质量。促进教育公平，就是尽可能地让每一个地区、每一所学校、每一个学生都接受高质量教育。

（四）教育公平有助于实施素质教育，更好地建设人力资源强国

实施素质教育、建设人力资源强国是我国教育的发展目标。素质教育旨在提高全民族的素质，而不是特殊群体和个别人的素质。建设人力资源强国不能只依靠个别精英和个别阶层，而必须依靠全体中国人整体素质的提高。只有强化教育公平，面向全体学生，公平地分配公共教育资源，全面提高学生的素质，努力使全体学生的素质都达到相应的水平，"不让一个学生掉队"，才能更有效地建设人力资源强国。

（五）教育公平能够促进教育的整体效能

教育公平演进的过程出现了"精英主义"和"平等主义"两种教育公平观，由于对公平的主张不同，它们追求教育平等的路线与模式也不同。精英主义者强调"比例平等"，主张依据人的不同能力和接受水平提供相应的教育，认为这是真正的教育公平。平等主义者强调"数量平等"，主张教育公平就是要实现人人享有同样的教育，认为人的差异主要是社会条件造成的，要通过重新调整公共教

育资源分配，加强对弱势群体和落后地区的补偿来消除已有的教育不平等现象。这两种观点都有一定的道理，经过历史和现实的检验，目前这两种教育公平主张已经开始走向兼容。也就是说，科学的教育公平观是既坚持平等主义，也努力发展精英教育；既保证所有人都接受一定合格水平的教育，又在此基础上努力保证资质优异和有各种特长的学生实现充分发展、个性化发展。简单的平等主义是庸俗的教育公平，会影响英才的涌现与成长，也不符合因材施教的教育原理；极端的精英主义夸大了人与人之间的差异和遗传的作用，是封建主义和等级制的残余，既不符合人人平等的人类理性，还会进一步扩大原有的教育差距和社会差距，必须加以批判和限制。只有让弱势群体得到应有的补偿，让每一个正常儿童都得到同样的高质量基础教育，同时为才智优异和拥有各种特长与远大发展志向的人提供进一步学习与发展机会的教育，才是真正公平的教育。也只有这样的教育，才能实现教育整体效能的最大化，使人人获得适合其能力与需求的教育，使国家和社会得到更好的教育服务。

（六）随着知识社会的日渐形成，教育公平越来越重要

教育公平的价值正在随着知识经济和知识社会的形成越来越重要。在知识社会中，"知识越来越代替能源、权力、资源、资本等要素成为决定一个国家经济社会发展的关键因素，也成为影响个人命运最重要的因素"，"教育机会的'机会'价值将真正体现出来，教育机会的获得或丧失在人类历史上将第一次真正地决定一个人或一个民族的命运"。"知识决定命运""教育决定发展"正在成为现实，教育公平正在成为影响一个人命运与幸福的重要因素。

二、促进基础教育公平的基本原理

教育公平问题已经得到了全世界的关注，无论是社会主义国家还是资本主义国家，无论是发达国家还是发展中国家，都努力保障全体公民的受教育权和教育机会均等。历经多个国家的长期积累和研究提炼，人们已经总结出许多宝贵经验，发现了一些促进教育公平的普遍原理。

（一）均衡发展原理：教育均衡发展是保证教育公平的理想模式

"均衡"就是平衡，没有高低之分、轻重之别；均衡发展是指不同地区、不同类别、不同要素的发展没有大的差别，基本相同，相互竞争，和谐共生，共同

发展。基础教育均衡发展主要包括八个方面的均衡：

一是基础教育入学权利和入学机会实现均衡，即适龄儿童受教育机会的均衡，其中包括有能力就读的残疾儿童等弱势群体享有均等的受教育机会；

二是基础教育在区域间实现均衡发展，即在省域之间、市域之间、县域之间等发展均衡；

三是基础教育在城乡间实现均衡发展，城乡基础教育可以各有特点，但总体水平不能有大的差距；

四是基础教育在学校间实现均衡发展，其中包括学校布局和规模均衡合理，教育经费投入、学校设备设施、师资配备、生均教育资源、学生生源均衡等；

五是基础教育在学生间实现均衡发展，包括校内各班级在设施、师资、生源、管理等方面的均衡；

六是基础教育在不同类别、不同级别教育间实现均衡发展，包括基础教育内部普通教育与职业教育均衡发展，也包括初等教育、中等教育与高等教育之间的均衡发展；

七是基础教育在教育质量上实现均衡发展，包括课程设置、教学水平和效果的均衡；

八是基础教育结果在学校教育之间和受教育者之间实现均衡发展。

教育均衡发展是教育公平理念在教育发展形势上的具体体现，教育公平是教育均衡发展的指导思想和精神实质。保持与促进教育公平必须走均衡发展的道路，并努力采取措施解决不均衡发展的问题。其中，城乡均衡、地区均衡、校舍均衡、设备均衡、教育投入均衡、教师队伍均衡、教育质量均衡、重视程度均衡、生源均衡、评价均衡、结果均衡都是评价教育公平的重要指标。

（二）基础教育义务化原理：基础教育义务化是最基本的教育公平

义务是公民或法人按照法律规定应尽的责任，基础教育义务化就是将接受基础教育作为每一位公民必须履行的义务，通过法律加以规定，一方面确保每个适龄儿童、少年都能接受平等的基础教育，另一方面确保国家和社会必须办好一定年限的基础教育。正如《中华人民共和国义务教育法》第二条规定的："义务教育是国家统一实施的所有适龄儿童、少年必须接受的教育，是国家必须予以保障的公益性事业。"义务教育具有强制性、免费性和普及性，所以能够很好地保证所有适龄儿童、少年的受教育权和教育机会，是目前为止世界上最有效、最基本的基础教育公平保障措施。我国从1986年提出"普及九年义务教育"，2001年，

"基本实现了普及九年义务教育",2011年年底,"全面实现了九年义务教育",适龄儿童入学率达到100%,很好地保证了儿童的受教育权和基础教育机会的公平。

(三)政府负责原理:政府是保障教育公平的主要责任者和主导力量

教育是公益性事业,教育公平的责任主体是政府及其所领导的教育行政部门、学校和教育工作者。政府在教育公平事务中始终起着决定性作用。首先,政府通过立法、教育政策和财政拨款等宏观措施调控教育公平;其次,教育行政部门通过分配教育资源,调配校长、教师和学生,控制着教育的公平度;再次,学校和教师的公平理念以及在教育过程中所采取的措施也深受政府的影响。

(四)补偿原理:给弱势群体以补偿是促进教育公平的必要措施

教育公平之所以成为一个重要问题,是因为已经存在很多地域上的不公平现象。每当区域之间、城乡之间、贫富之间、重点学校与一般学校之间的教育差距很大时,教育公平问题就会得到重视,而促进教育公平最有效、最明显的办法就是给乡村、贫困人口子女和薄弱学校等弱势群体以经济和设备、资源方面的补偿。教育公平的补偿主要有经费补偿、设备补偿、人力资源补偿、时间补偿、培训补偿、信息补偿、校舍与环境条件补偿等,而且采取增量补偿的方式,不是削峰填谷,即这种补偿是在增加的部分中给弱势群体的数量明显高于给优势群体的数量,从而达到相对均衡,而不是从优势群体的原有存量中拿出一部分给弱势群体。例如农村义务教育阶段学生的营养改善计划就是为了保障农村学生营养基本均衡、农村义务教育质量提升等而实施的补贴政策;针对农村女童辍学和失学严重的现象,国家的"春蕾计划"等有助于义务教育均衡发展。

(五)公平与质量兼顾原理:保障教育公平与提高教育质量相互促进

教育公平与教育质量不是对立的概念,而是高水平教育事业的两个重要侧面。保障教育公平主要解决的是公共教育资源公平分配、每个学生得到应有的身心发展水平、教育事业总体发展均衡的问题。提高教育质量主要是通过提高学校与教师的教育能力,使学生身心都获得更好发展的活动。二者都是教育的基本追求,不可偏废,必须统筹协调,做到既保障教育公平,又不断地提高教育质量。低质量的公平是教育发展的倒退,低公平的质量是少数人的享乐、多数人的痛苦,只有高质量的公平才是社会主义教育应有的发展状态。教育公平与教育质量存在着密切的联系与相互促进的关系：首先，我们追求的质量是全体学生和全部教育活动的质量，是公平的质量，而不是个别人或个别地区的质量；其次，多数学生要求改变不公平状态、获得高质量教育的诉求是促进教育公平发展的重要动力；再次，公平本身就是教育质量的重要品质之一，只有部分地区、个别人的教育高质量，不是真正的整体上的高质量教育。

（六）投入保障原理：高水平的教育公平需要更多的教育经费支持

如前所述，教育公平不是削峰填谷，而是全面提高教育质量，促进教育事业在高水平上均衡发展，这就需要加大教育投入。而离开了政府与社会的大力支持，高水平的教育公平就不可能实现。正因为如此，党和国家积极落实优先发展教育战略部署，这是教育高质量公平发展的前提与保障。道理很简单，不公平时，少量的经费就能够使一部分学校和个别学生获得良好的教育与发展；要使所有学校、所有学生都得到高质量教育，就需要更多的经费与资源支撑。

（七）师资平衡原理：教师的公平意识和能力是保证教育公平的重要因素

教师素质对教育质量和教育公平具有重要影响，甚至有人说，有什么样的教师，就有什么水平的学生。在同样校舍、同样设备和同样环境中，教师的水平和工作态度决定着教育的过程公平与结果公平。日本实施教师轮岗制的经验表明，师资公平是教育均衡发展和教育公平的重要内容与措施，其中校长和教师的定期轮换又是促进师资公平的有效措施。我国目前中小学中级职称教师比例在城乡和区域之间的差异较大。东部地区小学高级教师、初中一级教师与西部地区相差12%，这对省与省之间的教育公平发展产生了极大的影响。

（八）督导评价原理：加强教育公平督导与评价是促进教育公平的有效措施

促进公平是一项领导与管理活动，督导与评价是领导与管理的重要手段与工具。一个领导或管理过程，如果缺少了督导与评价环节，就会严重影响领导与管理的效能。所以，教育公平的督导、检查和评价是促进教育公平不可缺少的必要环节与措施。通过监督、检查和评价及时获得有关教育公平的反馈信息，一方面有助于及时引导帮助，另一方面奖励先进、督促落后，建立相应的奖惩制度，是促进教育公平的有效措施。目前的国家义务教育质量检测就是为了保障义务教育有公平而有质量的发展而实施的教育督导制度。

三、我国基础教育公平方面存在的问题

我国是一个人口众多、地域广阔的多民族国家，各地区经济文化发展极不平衡，虽然在法律上人人都有平等的受教育权，但实际上还存在着比较明显的区域差距、城乡差距、校际差距、阶层差距和性别差距等。《中华人民共和国义务教育法》的实施有力地促进了基础教育的公平程度，基础教育公平状态虽已得到了很大改善，但仍然存在一些突出的问题。

（一）区域教育发展不均衡问题明显

根据教育部、国家统计局、财政部发布《关于2020年全国教育经费执行情况统计公告》，各省生均教育经费的差别非常明显。例如，2017年北京市生均一般公共预算教育事业费，普通小学35411.73元，普通初中63603.26元，普通高中78176.50元，而河南省普通小学7665.53元，普通初中11575.74元，普通高中12359.99元，两个省份的差距很大。我国基础教育经费实施的是"在国务院领导下，由地方政府负责，分级管理，以县为主"的管理体制，因此，在同一个省内，不同的县（区）经费投入也是不一样的。

（二）重点学校名亡实存，择校热"高烧不退"

20世纪50年代初，我国全面学习苏联发展模式，重点发展重工业。为了快速培养人才，党和国家决定集中力量办好一批重点学校。改革开放以后，邓小平同志几次提出要办重点学校。从1978年教育部制定《关于办好一批重点中小学的试行方案》，到2006年教育部发布《关于贯彻〈义务教育法〉进一步规范义务教育办学行为的若干意见》，废止了重点校和重点班制度，重点学校制度存在了28年。2006年以后，名义上取消了重点校，但实际上人们心目中的重点校只是换了一种存在形式，由此引发的"择校热"不仅没有消退，反而更加激烈、更加隐蔽，成本更高。现在的家长从幼儿园就开始为择校做准备，而且为了择校，家长让孩子拼命参加校外的各种培训，进一步增加了学生的学习负担，影响了学生的身心健康发展和学校素质教育的实施。为了遏制择校热、缓解竞争，教育部推出了"就近入学"政策。

（三）师资队伍水平不均衡难以解决

在受教育权利、受教育机会和学校硬件条件基本相同的情况下，师资队伍的

素质与建设水平基本决定着教育的质量与公平。甚至在硬件有一定差距的情况下，如果教师素质高，教育质量也能够保证。所以说，师资队伍水平的均衡是教育公平的重要内容与保障。可是，目前我国师资队伍水平不均衡现象普遍存在。这种不均衡不仅存在于城乡之间、地区之间，即使是在同一个县、同一所学校的不同班级之间，师资队伍水平也存在着不均衡现象。师资队伍之间的差距主要有五个方面：一是存量不均衡，由于历史的原因，各地区与学校的师资队伍水平具有一定差距；二是新增不均衡，高水平的教师更愿意到条件好的发达地区和好学校，而不愿意去落后地区和薄弱学校；三是在职提高不均衡，城市和发达地区的教师教研、科研和在岗培训工作比落后地区抓得勤、抓得实，效果更好，教师在职提高程度更大；四是师资队伍的结构不均衡，城市和发达地区学校的师资队伍不论是在数量上还是在特长与能力上，都具有更加完善与合理的结构，而贫困地区和薄弱学校的师资队伍结构经常存在问题，不是配不齐，就是协同发展不够；五是校长的教育理念与领导水平存在差距。

（四）教育质量不公平问题普遍存在

教育质量是教育主体满足学生、国家和社会教育需求的程度，满足的程度高，教育质量就高，反之就低。教育质量公平的主要内涵就是教育要满足每个学生的教育需求，每个学生的发展都能达到国家的教育基本要求，并且能够满足社会发展对他们的素质要求。教育质量公平包括机会公平、过程公平和结果公平，也包括为每个学生提供差异化教学，因为只有因材施教才能最大限度地激发学生学习与成长的积极性。现在的问题是，同样接受教育，但学生所获得的帮助与发展却是大不相同的，甚至在同一所学校、同一个班级，教育质量不公平的问题也大量存在。

四、进一步促进基础教育公平的策略与方法

促进教育公平是国家确定的基本教育政策，是全世界基础教育共同遵守的准则，是我国基础教育改革发展必须完成的任务。我们必须始终坚持教育公平的原则，从思想认识到实际行动，从权利公平、机会公平到过程公平、结果公平和质量公平，全方位地促进基础教育公平，努力使每一个学生都能享有公平的高质量的基础教育。

（一）树立兼顾公平与质量的新发展观

每一位基础教育工作者都需要树立兼顾公平与质量的新教育观和新发展观，努力实现公平的高质量教育和高质量的公平教育。

第一，要打破教育公平与教育效率、教育质量对立的旧观念，把公平、效率、质量和效能有机地统一起来，统筹兼顾，全面发展。简单地将公平与效率、质量对立起来或排序的做法都是错误的，"效率优先，兼顾公平"在现实中往往是重视效率，而公平难以兼顾，违背了社会主义教育价值取向。

第二，不要错误地以为教育效率和教育质量提高了之后，教育公平会自然而然地实现。我国和其他国家教育发展的经验证明，教育公平必须作为一个独立的目标来追求，必须作为一项工作任务来布置和完成，才能有效地实现教育公平。

第三，促进教育公平不仅是政府的事，也是每一位教育工作者的使命。每一名教师、每一位教育领导干部都需要树立公平公正的服务理念，公平公正地对待教师、学生和教育事务。

第四，教育公平不是削高填低，削峰填谷，而是要在原有的水平上都获得高质量的发展，特别是以前质量比较低的地区与学校，要通过补偿行为，获得更大的发展，从而达到人人公平地享有高质量基础教育的理想目标。

（二）政府要当好"教育公平第一责任人"

提供公共产品是政府的基本职责，是政府应该做也必须做好的事情。我国义务教育从法律方面规定了学生、家长和政府的权利与义务。义务教育是在一定意义上是纯公共产品，是一种强制性的免费的教育形式，是一种公益事业，其目的不是在于营利，而是为了尽可能地开发人类潜能进而造福人类社会。而市场具有明显的竞争性与逐利性，义务教育的特性决定了它不能完全交由市场，通过纯市场的机制实施资源配置，必须由政府进行教育资源配置，政府应无条件地为公民提供义务教育，并公平地提供学前和高中教育。政府掌握着公共资源的支配权，教育经费、教育仪器设备、教师进修机会等都由相关主管部门负责，补偿原则能否实施、补偿给谁等也都取决于教育行政部门。所以说，政府是教育公平的第一责任人，各级教育行政部门要积极主动地负起这份沉甸甸的责任。

（三）进一步提高教育投入，并保证教育投入的公平

教育发展受制于经济的发展水平，教育经费对教育发展具有极其重要的制约

与保障作用。在一定程度上，教育公平首先应该是教育投入的均衡。保障高质量的公平教育，需要比以往投入更多的教育经费。高水平地实施素质教育，促进教育均衡发展。进一步加大教育经费投入，尤其是在基础教育领域的投入，这是教育优先发展的要求，也是保证高质量教育公平的条件。

（四）强化教育过程的公平

教育过程公平是教育公平的重要组成部分，它对结果公平和质量公平也有重大影响。教育过程公平在实践中表现为信息获取与运用公平、参与权利公平、教育投入公平、教育政策公平、教育态度公平、教育内容公平、教育方式方法公平等方面，包括从教育活动开始直到结束的全过程中影响教育结果和教育质量的所有因素的公平公正。可以说，没有过程公平，就没有结果与质量的公平。教育公平看起来好像比较宏观，是政治性价值观，其实很具体，它表现在每一名教师的教育教学过程中，影响着所有学生的学习与成长。

（五）在素质教育思想指导下大力推进教育质量公平

教育质量公平主要是所有学生在达到国家标准的基础上，获得自己应得的发展。教育质量公平既要保证所有学生的教育质量底线，又要高水平地因材施教，使每个学生都获得全面而充分的发展。学生之间的差异是客观存在的，努力让千差万别的学生都能够以自己喜欢的方式、积极主动地开展学习，实现全面而充分发展，是提高教育质量和实现教育质量公平的难点与关键所在。特别要强调的是，实现高质量的教育公平一定要在素质教育思想的指导下进行。也就是说，我们所要的高质量是素质教育的高质量，而不是简单的一个考试分数，我们所要实现的教育公平是素质教育的公平，是学生身心素质全面、和谐、积极主动、充分发展的公平。

（六）既要公平教育，也要英才教育

我国古代就有"得天下英才而教育之"的教育情怀，英才是民族和国家的宝贵财富，是人力资源储备中的"富矿"。欧美等发达国家教育发展的趋势是：一方面下大气力促进高质量的教育公平，另一方面则为英才的成长创造条件，尤其重视建立完备的英才教育培养体系。而我国的英才教育由于缺乏完备的培养体系以及原本应该培养英才教育的重点学校、重点班的培养方向与目标出现了偏差，导致我国英才教育发展远远滞后于欧美等发达国家。义务教育均衡发展必须走出

观念误区，必须树立英才教育与教育公平并不对立，促进教育公平并不反对英才教育的理念。不能因为倡导教育公平就扼杀或反对英才学生进行必要的帮助与引导。如前所述，教育公平不是平均，也不是削高补低，而是"给人所需"，让人"得其所应得"。教育公平是英才辈出的基础，人人得到应有的合适教育是教育公平的实质与本意。公平和英才辈出的教育体制才是卓越的教育体制。

（七）加强教师的教育公平素质培训

学生对教育公平的体验主要来自教师，教师如何公平地对待每一个学生，促使每一个学生都能达到教育的要求，并获得最大的发展，不仅需要一颗公平心，还需要一系列教育教学方法与技能。因此，教师教育应增加提升教师的教育公平素质的内容，特别需要加强以下方面的培养：第一、提高教师的教育公平意识，树立公平对待每一个学生，不偏爱、不歧视、爱每一个学生的新理念；第二、提高教师课堂教学的公平教学方法，保证课堂教学内容适合于大多数学生，并对学有余力和学有困难的学生进行加餐与开小灶，从而使每个学生都能获得适合自己的教育与发展；第三、重点强化课堂提问、神态、表扬、关怀等方面的教学公平技能，在每一个细节上都注意保持公平，尽可能关注到每一位学生，尤其是哪些沉默寡言的学生的发展；第四、因材施教不仅是基本的教育原则与教学艺术，也是实现教育公平最基本的方法。

（八）提高对农村教育、农民工子女教育及其他弱势群体学生教育的补偿效能

城乡教育差距、贫富教育差距和弱势群体教育问题的根源在社会，解决这些问题需要很长的过程。在今后一个相当长的时期内，对农村教育、农民工子女教育、少数民族地区教育、以及其他弱势群体学生的教育应该继续给予补偿，这是实现教育公平的有效手段之一。需要强调的是，补偿的关键不是给钱或者设备与机会，而是要努力提高补偿措施的效能，让每一项补偿措施真正发挥作用。

（九）进一步推进教师岗位轮换制度

教师是实施教育的主导者，教师的水平决定着教育的质量。促进基础教育均衡发展的有效手段就是教师水平的均衡，在目前难以将现有教师重新分配的情况下，教师岗位轮换制度就成了一个必要选项。依据日本和我国部分地区的经验，教师岗位轮换要注意解决好以下五个问题：

第一，将轮岗定为教师的职责，每个人都要轮岗，这也是一种公平；

第二，新入职教师和老教师同时轮岗，而不应该只让新入职教师轮岗；

第三，要解决好轮岗教师的待遇和回岗的安置问题；

第四，充分发挥轮岗教师的作用，而不要使其成为闲人和摆设；

第五，解决好农村学校或其他薄弱学校被替换下来的教师的学习与进修问题。目前我国多省市已经开展了教师轮岗计划。

（十）加强保障教育公平的立法与制度建设

公平公正问题归根结底要靠法律与制度来解决。努力在教育立法、执法、司法和政策制定等各个层面上加强教育公平的内容是促进教育公平的根本措施。

第一，在立法上要确定所有学校一律平等的法律原则，不允许歧视普通学校或所谓劣势学校，更不允许歧视私立学校。要将每一所学校、每一个学生都平等地享有国家公共教育经费的条文写入法案，为教育投入公平打下法律基础。要在《中华人民共和国教育法》《中华人民共和国义务教育法》《中华人民共和国教师法》等重要法律法规文献中增加有关教育公平的内容。

第二，在执法上要加大督导与检查力度，对违背教育公平的违法行为进行相应的惩罚，打击教育不公平现象与行为。

第三，要加强教育公平的司法工作，保证不公平教育行为受害者的申诉权，伸张教育公平正义，及时解决教育公平方面的纠纷与矛盾。

第四，制定一系列确保教育公平的制度与政策，使教育事业的各个方面都能够将教育公平当作必须坚持的办学方向和必须完成的工作任务，真正将公平与质量统一起来，努力建设高质量的公平教育体系。

第四节　提高基础教育质量的方法

我国已于2011年全面完成了普及九年义务教育的任务，解决了适龄儿童"有学上"的梦想。党的十九大指出新时代我国社会的主要矛盾已经转化为人民日益增长的美好生活需要和不平衡不充分的发展之间的矛盾，那么满足老百姓"上好学"的需求成为我国当前努力的方向。提高教育质量，让学生接受优质教育，建设人力资源强国，这也是基础教育必须担负起的历史使命。

一、基础教育质量的内涵、性质与生成过程

质量观念已深入人心，人人都喜欢高质量的教育，但究竟教育质量是什么，并不是每个人都能说清楚的，需要首先做一个明确的阐释。

（一）基础教育质量的内涵

"质量"在生活中主要是指产品或工作的优劣程度，如产品质量、教学质量等。在企业界，质量主要有两种含义：一是指产品和服务的特性符合给定的规格要求，通常是定量化要求；二是指产品和服务满足顾客期望，使顾客满意。对于教育来说，需要满足的需求与企业产品相比更为复杂，主要包括学生需求、家长需求、上级学校需求、国家与社会需求、就业与职业发展需求等其他利益相关人的需求，最主要的是学生的学习与发展需求和社会需求。

基于以上分析，我们可以得到以下更为具体的表述：基础教育质量是基础教育活动与结果满足国家要求和学生学习、生活与发展需求以及上级学校需求和社会、家长对基础教育需求的程度。也就是说，基础教育质量主要体现在基础教育学校满足这几个方面需求的程度上。其中，"满足国家要求"主要是指满足教育方针、教育法律法规、学校建设标准、课程标准、教学计划、规章制度、教师职业道德要求和其他教育文件精神等，遵循这些国家要求是保证基础教育方向、科学办学的基础，当然也是高质量基础教育的基础。"满足学生学习、生活与发展需求"是基础教育质量的核心与根本，主要是指依据学生的年龄特点和个性特征，为学生提供适合其年龄特点和个性需求的学习内容、教育活动和有利于其生活与发展的物质与文化条件，帮助学生有效学习、积极生活与健康成长。"满足上级学校需求"主要是指基础教育学校要为上一级学校培养合格新生，小学教育要为初中教育打好基础，初中教育要为高中教育打好基础，高中教育则要为大学教育打好基础。从教育系统的整体质量来讲，幼儿园、小学、初中、高中和大学是一个具有逻辑关系和发展阶段的整体，为上一级学校培养合格生源是保障教育系统整体质量和检验这一级教育质量的一个重要指标，过于追求升学率和用升学率作为质量评判标准都是不对的，但是不关心、不重视为上一级学校培养合格生源也是不应该的。"满足社会需求"主要是指基础教育的各级学校在社会中完成其社会角色的功能，承担起应有的社会责任，并为学生成为一名合格的社会公民和实现国家富强、民族振兴与人民幸福打下终身持续发展的素质与人格基础。

"满足家长需求"是指基础教育的对象绝大部分是未成年人,需要家长的监护与供养,学校有责任满足家长的合理教育要求,并积极主动地调动家长的教育积极性,加强与家长的合作,共同办好基础教育。

(二)基础教育质量的性质

1. 确定性

确定性主要是指不管我们重视不重视,也不管我们是否检测到,基础教育质量作为一种满足基础教育需求的特性都是客观存在的。任何教育都有质量,不存在没有质量的教育。确定性的另一个含义是指基础教育质量的高低也具有确定性,可以通过一定的科学手段检测出来并加以区分。这也是基础教育质量管理得以存在和高质量学校获得高认可度的基础。

2. 相对性

基础教育质量作为一种满足利益相关人教育需求的属性,不同的人、不同的标准与价值观、从不同的维度评价其结果可能都不相同,主要原因是不同利益相关人的教育需求是不同的。例如,社会用人单位的教育需求主要关注结果,只要能够胜任职业要求,能够解决工作问题,创造业绩与利润,就是高质量的基础教育;而学生的教育需求不仅关注结果,更关注过程,如果教育过程过于痛苦和压抑,即使结果达到了要求,也不是高质量的基础教育。又如,高升学率从升学角度评价是高质量,但是从素质教育角度评价就不一定是高质量。

3. 内在性

内在性主要体现在两个方面:其一,教育是培养人的活动,其质量主要体现在人的素质培养和整体人格的完善方面,人的素质与人格都是人的内在品质,而不是外显的知识与技能本身。人是知、情、意、行的统一体,其中知、情、意分别属于人的三种不同的心理过程,三种能力的发展更多的是内隐的,只有通过人的行为才外化出来。其二,从利益相关人满意度的角度来说,学生、家长、社会用人单位和教育行政部门对基础教育质量的评价是以其教育价值观为基础的,也具有内在性。

4. 整体性

教育质量的内涵非常丰富,包含多种维度,是一个由多种维度和子系统有机组合而成的完整系统,要想正确理解教育质量,就需要形成一种系统的、联系的、全方位的教育质量观。任何孤立的、片面的、单一的评价结果都难以代表基础教育的整体质量。基础教育质量具有整体性,是学校全体教职工全过程、全方面教育活动与结果对教育需求的满足程度。因此,基础教育质量检测与评价以及基础教育质量管理与改进活动要切忌片面性。

5. 基础性

基础教育质量与基础教育一样具有基础性,主要体现为:基础教育是为人的终身发展打基础的教育,要从学生一生的成长和发展角度来检测和评价基础教育质量,而不能急功近利。例如,为上一级学校培养合格生源是基础教育的重要任务,高升学率可以作为评价基础教育质量的指标,但是,如果高升学率是通过损害学生的健康与牺牲创新精神、实践能力和其他本应该在这个阶段培养起来的良好习惯与素质的机会取得的,那就不仅不是高质量的基础教育,而且是犯了方向性错误的基础教育。

6. 延迟性

十年树木,百年树人。教育的长期性决定了受教育者的素质与人格并不是都能够及时表现出来和被人们发现的,往往需要经过很长的时间才能表现出来,所以,基础教育的结果是否满足了国家、儿童、社会和家长的需求,一般不能马上得出全面的准确结论,而只能通过教育教学过程与活动的性质来推断。

7. 服务性

教育是一种服务,所以教育质量就是一种服务质量,具有服务性,从而使教育质量与产品质量区别开来。服务质量与产品质量相比具有两个明显的特征:一是服务对象具有感受,而产品本身没有感受,服务对象的感受对服务质量有重大影响,让服务对象满意是服务者的首要任务;二是服务质量是服务者与服务对象互相沟通与合作的结果,而不是服务者单方面的责任。

8. 双主体性

在教育教学过程中,学生不仅是接受教师服务的服务对象,而且是配合教师完成教育任务的服务者,教育质量是教师和学生共同创造出来的,既是教出来的,也是学出来的。离开了学生的努力,基础教育活动难以完成,基础教育质量也没有办法生成。离开的教师指导,学生的学习效率也会受影响。

9. 复杂性

基础教育质量既涉及教师和学生，又涉及家长、教育行政部门和社会用人单位，质量的高低取决于不同主体之间的相互适应，所以，基础教育质量具有复杂性，主要表现为难以在两个因素间确定线性关系。基础教育质量的水平是教师、教学条件、教育环境、教育领导与管理、课程与教学、学生、社会支持和社会需求等多因素共同作用的结果，研究基础教育质量问题和提高基础教育质量的努力需要多一些复杂思维。

（三）基础教育质量的生成过程

过程哲学的本体论原理告诉我们没有一个现实事物的存在是凭空产生的，任何事物的都处于不断联系，自我生成的动态过程中。世界就是一个过程，"现实存在的'存在'是由其'生成'所构成的"。事物的生成方式决定了它们是什么。了解了基础教育质量的生成过程，就掌握了基础教育质量的实质，因为基础教育质量就是由它的生成构成的，提高基础教育质量就是促进基础教育质量的生成。

1. 基础教育质量是教出来的

基础教育质量首先是教师教出来的。没有教师的教，就不存在教育，也就谈不上什么教育质量。教师的教育价值观，开展教育工作的态度，投入的时间、精力与热情，实际教育教学能力，以及耐心与持续性等都是影响教育质量的重要因素。提高基础教育质量首先要求教师端正教育价值观，改进教育态度与教育能力。

2. 基础教育质量是学出来的

唯物辩证法告诉我们外因是条件，内因才是根本，教育活动要通过学生的学才能切实提高学生的学习成绩与素质，教师付出得再多，如果没有唤起学生有效的学习行为，教育质量也得不到相应的提高。所以说，基础教育质量归根结底是学出来的，提高基础教育质量的方式方法有千万种，归根结底是要调动学生学习与成长的积极性，让学生爱学、想学，激发出学生内在的学习动机才能产生积极的学习行为。

3. 基础教育质量是领导出来的

火车跑得快，全靠车头带。师生的教与学和学校的教育领导有直接关系，积极、有效、科学、正确的教育领导工作是基础教育质量的重要保证。从这个角度讲，基础教育质量是领导出来的，提高基础教育质量要高度重视对师生的教育领导工作。

4. 基础教育质量是管出来的

自 20 世纪 50 年代美国质量专家爱德华兹·戴明（William Edwards Deming）和朱兰在日本发动企业质量管理革命开始，企业和学校加强质量管理提高质量的成功经验证明，质量管理对提高质量具有明显的效果。从这个角度讲，质量是管出来的，可以通过加强基础教育质量管理来有效地提高基础教育质量。

5. 基础教育质量是做出来的

教育质量生成的基础是学生能力与品质的提高，而能力与品质的提高需要通过解决问题和实际行动来证明。所以，基础教育质量的生成仅靠口头"说"还不够，必须实实在在地落实到"做"的环节。从这个角度讲，基础教育质量是做出来的。提高基础教育质量需要像陶行知先生说的那样，要"教学做合一"才行，如果轻视做的环节，不可能有高质量的素质教育。

6. 基础教育质量是滋养出来的

学生的成长受多重因素影响，显性课程与教学作用比较直接与明显，容易引起人们的重视。其实，隐性课程的影响力也是非常重要的，特别是校园文化、规章制度、教师的人格与关怀，以及校风、班风等，对学生的学习态度、兴趣、习惯和人格的养成具有非常大的作用。这种教育文化的滋养就像人从空气中吸收氧气、从食物中汲取营养一样，缓慢而必不可少。从这个角度讲，基础教育质量也是教育文化滋养出来的。加强学校文化建设、提高学校文化的营养含量是提高基础教育质量的有效途径之一。

7. 基础教育质量是协同合作出来的

学校教育离不开国家的重视，离不开社会和家庭的支持，没有国家的"教育优先发展"战略，没有社会和家庭对教育的大力支持与帮助，学校教育难以正常进行，教师的教和学生的学也都难以达到较高的水平。甚至在对教育教学策略与方式方法的选择方面，教师也要多听听教学专家、教育领导和家长的意见。从这个角度讲，基础教育质量是学校、教师、家长和社会协同合作的结果。加强沟通与合作是提高基础教育质量的重要手段。

8. 基础教育质量是考评出来的

在日常教育教学中，教育教学质量的高低可以通过测评来衡量。我国义务教育质量检测平台就是为了客观反映义务教育阶段学生学业质量、身心健康及其变化情况，分析影响义务教育质量，转变教育管理方式和改进学校教育教学方法而专门建立的检测平台。通过各种检测与评价来发现质量问题与差距，纠正以升学率和分数作为评价学校和学生唯一标准的做法，引导社会树立正确的教育质量观，推动义务教育质量和学生身心健康水平不断提升。

二、基础教育质量管理与保障的基本原理与方法

质量管理起源于企业界保证和提高产品质量的一系列努力，已经走过了三个阶段，即质量检验阶段、统计质量控制阶段和全面质量管理阶段，目前仍处在全面质量管理的完善和深化阶段。在20世纪30年代之前的质量检验阶段，保障质量的方法主要是实施所有产品的严格检验，不合格产品或者返工，或者报废。这种方式的弊端在于，一是成本很高，产品多时难以做到全部检验；二是这种事后检验无法在生产过程中对质量进行预防和控制。到了四五十年代的统计质量控制阶段，质量管理由产后检验转向产前预防与控制，利用统计学方法加强生产过程的质量控制，实现了质量管理的三个根本性转变，即从以定性描述为主转变为以定量分析为主，从以事后检验为主转变为以事前控制为主，从以产品检验为主转变为以过程控制为主。到了50年代，在经验积累的基础上，面对更复杂产品、更高质量需求的挑战，人们提出了全面质量管理理论。1961年，美国通用电气公司质量总监阿曼德·费根鲍姆（Armand Vallin Feigenbaum）在《全面质量管理》一书中首次提出了全面质量管理的概念。全面质量管理可概括为"'三全一多样'，即全员质量管理、全过程质量管理、全方位质量管理、多种多样的质量管理方法或工具"。此后，全面质量管理理论和实践又有许多新进展，其中1987年国际标准化组织（ISO）开始实施的ISO9000质量管理体系、1988年美国启动的鲍德里奇国家质量奖（Baldrige Criteria，又称"卓越绩效模式"）、质量文化建设思想和可持续质量管理都是有代表性的新成果。同时，这些全面质量管理的理论与模式也被推广运用到医疗卫生、商业服务和教育等领域。

美国中小学自20世纪80年代以后开始学习借鉴全面质量管理的原理与方法，1992年《教育领导杂志》曾开辟专号讨论教育的全面质量管理问题。特别

是1995年鲍德里奇国家质量奖开始在教育领域试点，1999年正式向教育机构开放，极大地促进了全面质量管理在教育领域的运用。我国借鉴全面质量管理理论提高教育质量的探索也始于20世纪80年代，90年代以后，我国出现了推行ISO9000质量管理体系的热潮，有的学校按照ISO9000建立了质量管理体系，有的学校还通过了国内或国外相关质量认证机构的认证。尽管教育服务与企业生产不同，教育管理与企业管理也有一定差别，但已有的实践证明，在学校推行全面质量管理能够有效提高教育质量。特别是研究发现，素质教育与全面质量管理具有较高的契合度，"实施全面质量管理能够使学校更好地满足素质教育的要求"。需要注意的是，在基础教育中进行全面质量管理，既要准确掌握全面质量管理的基本原理与方法，科学地加以运用，又要依据基础教育的特点，发现与提炼基础教育全面质量管理的特殊性与创造性。

（一）基础教育全面质量管理的基本含义与特征

1. 基础教育全面质量管理的含义

全面质量管理的概念和思想诞生于美国，早期称为全面质量控制（TQC），后逐渐发展为全面质量管理（TQM）。国际标准化组织颁布的国际标准ISO8402-1994将全面质量管理定义为"一个组织以质量为中心，以全员参与为基础，目的在于通过让顾客满意和本组织所有成员及社会受益而达到长期成功的管理途径"。这个定义除了强调"质量中心""全员参与"和"顾客满意"以外，强调了让"本组织所有成员及社会受益而达到长期成功"，并且将全面质量管理定义为一种"管理途径"，而不是"管理体系"。从理论上讲，全面质量管理是一种管理思想与理论体系，它包括很多理念、方法和技术；从实践的角度讲，全面质量管理又是一个保证组织所有成员及社会受益，同时使组织获得持续发展的有效途径。

基础教育全面质量管理是全面质量管理理论在基础教育领域的运用，依据教育规律，运用全面质量管理的基本理论与体系，开展全员、全过程和全方位质量管理，创造性地运用各种有效的方式方法，全面提高基础教育质量并促进学校可持续发展的管理思想与实践。

2. 基础教育全面质量管理的特征

（1）强调为学生服务：全面质量管理特别强调"以顾客为中心""顾客是上

帝""为顾客服务",能让顾客满意就是高质量。全面质量管理运用于教育的前提是将教育当作一种特殊的服务行业。尽管教育有自己的特点,但也存在自己的"顾客"。从服务对象的角度讲,学生是教育最直接的"客户",家长、社会用人单位和国家等可以看作教育的间接"客户"。所以,基础教育全面质量管理自始至终都将"为学生服务"和"以学习为中心"作为出发点和归宿。甚至可以说,基础教育全面质量管理的主要目的就是更好地"为学生服务",提高为学生服务的水平与品质。

(2)坚持以教育质量为中心:质量是全面质量管理的内容与主线,是所有质量管理要解决的核心问题。基础教育全面质量管理是以保障基础教育质量和提高基础教育质量为宗旨和目标的教育管理理论与实践,它始终以基础教育质量为中心,以解决基础教育质量问题、完成基础教育质量目标和提高基础教育组织本身的发展质量为具体任务。

(3)"三全一多样"的核心特性:"三全一多样"是指全员质量管理、全过程质量管理、全方位质量管理和多种多样的工具与方法。"全员质量管理"主要是指每一位教育工作者都要参与到基础教育全面质量管理活动中去,全面质量管理没有旁观者,人人有责,人人是主体。"全过程质量管理"主要是指从基础教育目标确立、基础教育条件准备开始,一直到课程设计、教学计划制订、教学活动组织与开展、学习结果评价与课后指导等,每一个环节都要加强质量管理。"全方位质量管理"主要有两方面含义:一是各部门和各工作之间要各尽其责,密切配合。例如,教育领导与管理工作、德育工作、教学工作和后勤工作等都要为提高教育质量协同努力,而不能出现教育质量的短板。二是要全方位保障知识与技能、过程与方法、情感态度与价值观,以及社会责任感、创新精神、实践能力和整体人格培养等教育目标的实现,全面提高基础教育质量。相对于纵向的全过程质量管理来说,全方位质量管理主要是从横向角度强调各个方面、各种措施的配合和全方位目标的实现。"多种多样的工具与方法"是指基础教育在遵循全面质量管理的基本理念与价值观基础上,还可以进一步解放思想,大胆探索实践,广泛地运用各种有效的方式方法,特别要注意探索符合教育教学规律的、能够全面有效提高学生学习与发展质量的方式方法。

(4)创造性:创造性是指基础教育全面质量管理虽然要以运用全面质量管理的价值观、基本原理、方法为基础,但在将一般性的价值观、原理和方法与学校的具体实际情况相结合的过程中仍然存在着大量的创造性活动,例如,怎样将"以学习为中心"的理念变成实际的教育教学行为与管理措施,如何制定和实施公平且有效的激励政策等，都需要一定的创造性。

（5）系统性：与一般的全面质量管理相同，基础教育全面质量管理不是某一个方面的改革，也不是一项具体技术，而是包括每一个人、每一个环节和各方面关系与整体质量和组织效能的系统性思想与实践。开展基础教育全面质量管理需要具有整体意识，学会系统思考。

（6）实效性与可持续发展性的统一：基础教育全面质量管理的实效性主要体现在教育质量的全面提高上，而教育质量的提高表现在学业成绩、升学率、优秀率、学生的学习表现以及整体素质改进等方面，能够使学生、家长、教育领导和其他利益相关人感觉到。不仅如此，基础教育全面质量管理在树立正确的教育价值观、教育质量观，改进教育制度，提高教育教学水平和学习水平等方面，都采取了系统化的科学策略与方法，能够促进教育组织，特别是学校教育教学系统品质的提升，能够提高教育组织的可持续发展能力，从而使基础教育全面质量管理具有既能提高即时教育质量与效果，又能促进教育组织可持续发展的特点。

（二）戴明的"管理十四要点"及教育应用

世界著名质量管理大师戴明博士为现代质量管理理论的发展作出了卓越贡献，被称为"现代质量管理之父"。他在82岁那年集几十年的质量管理经验提出了"管理十四要点"理论。"管理十四要点"是戴明管理思想的精华，具有较高的参考与指导价值，被广泛运用于各个行业。

1. 戴明的"管理十四要点"

（1）提高产品与改进服务要有持续不变的、恒久的目的。

（2）采用新观念。我们处在一个新经济时代，西方管理者必须迎接挑战，了解自己的责任，并领导转型。

（3）停止靠事后检验来提高质量。事后检验浪费大量的人财物，争取第一次就把产品做好，不再依赖大量的检验。

（4）废除以最低价竞标的制度。以降低总成本的方法来取代，每项材料以单一供应商为原则，生产者与供应商之间建立彼此忠实与信赖的长期关系。

（5）不断地提高生产与服务系统，以提高质量与生产力，从而使得每个环节的成本不断降低。

（6）建立在职训练制度，确定工作标准培训熟练员工。

（7）建立领导体系。管理的目的是帮助员工，让他表现得更好，更有效率地使用机器设备。管理者的管理也需要重新检修与改善。

（8）排除恐惧，使员工敢于提问，都能有效地为公司工作。

（9）破除部门与部门间的藩篱。研发、设计、销售与生产人员必须团结合作，并事先发觉产品及服务可能碰到的潜在问题。

（10）消除那些要求员工做到零缺陷及高生产力水平的口号、训示及目标。这些东西只会产生反效果，因为造成低质量和低生产力水平的许多原因是系统的问题，而非工人所能控制。

（11）废除工作现场的工作标准量，代之以领导；废除目标管理、数字管理及数值目标，代之以领导。

（12）排除那些不能让工人以技术为荣的障碍。管理者的职责必须由仅重视数量改为重视质量；排除那些不能让管理人员及工程师以技术为荣的障碍。也就是说，年度考绩制度及目标管理必须停用。

（13）建立一个有活力的教育与自我提高机制。

（14）让公司每个人都致力于转型。这种转型是每一个人的工作。

2. 戴明"管理十四要点"在教育中的应用

（1）要有一个根本的长久的宗旨与目的。提高教育质量不仅要面对"今日的问题"，还要面对"明日的问题"，不能仅仅只顾眼前利益。此宗旨要能够引领学校科学发展、持续发展。例如，提高基础教育质量不能仅仅局限于提高考试成绩，或者为了提高升学率，急功近利的思想要不得，而要有一个根本的远大的宗旨与目的，如实施素质教育，或促进人的和谐发展等。

（2）采用新观念。提高教育质量就是提高人们对教育的满意度，而人们的教育需求是随着社会变化和时代进步不断发生改变的，特别是在今天教育转型升级的背景下，树立新观念、运用新思想是深化教育改革、提高教育质量的必要措施。例如，"幸福学习""幸福教育""积极人格教育""项目式学习"等对提高基础教育质量具有较大的促进作用。

（3）不再依赖大量的检验。考试可以检验教育质量，但是提高教育质量不能仅仅依靠考试和测验来做事后的判断，而要更多地依靠教学设计和教学过程。教育质量归根结底是学出来的，改进学生的学习过程是提高教育质量的根本。

（4）不再以价格为采购的单一考量标准，而要重视质量和实用性。穷国办大教育的现实需要勤俭办学，但是采购教育仪器设备、购买教学用具或书籍、修建校舍、学生营养保证等工程时要保证相应的质量标准。这也是保证基础教育质量的要求之一。

（5）持续不断地改进教育教学系统与过程。全面质量管理过程理念要求从教学计划和教学设计的最初环节就要强化质量意识与行为，直到教学过程的监控和教育结果的评价。

（6）建立在职训练制度。现代社会知识更新的速度比较快，要树立终生学习意识，提高教育质量需要开展全员性的教育质量专项培训，要充分开发个人与组织的潜能，通过培训提高全体成员的教育质量意识、正确的教育质量观、高质量行为能力、持续改进的质量态度与价值追求和组织学习与研究能力等。

（7）学校主要责任人要从传统的管理者转变为领导者，不仅要学会质量控制，更要学会质量激励，帮助教职工提高教育质量的意识与能力，并给予积极的评价与回报。

（8）排除教职工的恐惧感，给教职工一个安全的工作环境。创造性工作需要一个相对安全的环境，教师如果缺少安全感，就很难在工作中专心致志地开展创新性探索，因此，管理过程要让竞争变得健康有序，防止不当恶性竞争影响教师人际关系以及工作效率。

（9）拆除部门间的藩篱，加强部门之间的沟通与合作。人的成长是家庭、学校和社会通力完成的。学校教育也不是一个教师或一个部门能够完成的事情，而是一个环环相扣、紧密相连的集体工作的结晶，共享信息、协调配合才能产生更大的质量改进力，才能取得更高的教育质量。

（10）取消给教职工看的标语、训示及目标。戴明认为，"让我们一起变得越来越好""做一个优秀的工人，以你的工作为荣"等标语对提高质量不会有什么持久的作用。这一点对我们的启示是：提高教育质量是踏实持久的努力与习惯，不要高估了标语口号的作用，而要依靠实实在在的制度约束与规范职工的行为，并让他们将制度内化为个人行为。

（11）不要给教职工太大的压力和固定的数量任务，而要努力增加教师工作的满意度，从而让教职工喜欢工作，找到工作的乐趣，把教育当成自己的事业，并以工作为荣，而不是谋生的手段。

（12）过高的工作量目标会降低教育质量，教育领导和管理者最好不要用生硬的优秀率、升学率的标尺去要求师生，优秀率不等于教育质量，领导要深入教育教学第一线，及时解决教师遇到的质量问题。

（13）教师的水平决定着教育质量的高低，教师能否在工作中自觉、持续地提升专业水平，是决定教育教学质量的关键因素之一。所以，为教师自我学习与提高创造条件是最根本的教育质量改进策略。

（14）提高教育质量没有旁观者，要激发全体教职工的质量意识与提高教育质量的积极性，带领他们克服各种困难，切实采取教育质量改进行为，促进学校整体教育质量水平的全面提高。

戴明的"管理十四要点"虽然是为企业量身定做的，但是对提高教育质量同样具有启发与指导价值，有待我们结合教育工作实际进一步深入领会与应用。

3. PDCA 循环及教育应用

PDCA 循环又叫"戴明环"，是美国质量管理专家沃特·阿曼德·休哈特（Walter A. Shewhart）首先提出的，由戴明进一步完善、普及，因而也被称为"戴明环"。

PDCA 是英语单词 plan（计划）、do（执行）、check（检查）和 action（处理）的第一个字母，PDCA 循环就是按照这样的顺序进行质量管理，并且一个循环接一个循环地进行下去的科学程序。

（1）P（plan）计划：主要包括制定质量方针和目标，以及质量提高规划与计划等。

（2）D（do）执行：根据具体情况与质量问题，设计具体的质量提高方案、方法和程序等，并进行具体运作，实现计划的内容，主要是对质量提高计划的实施。

（3）C（check）检查：总结执行质量计划的结果，判断和评价其实际效果如何、是否达到了预期的目标、是否保持着正确的方向、存在什么问题、有什么确定性的经验、需要哪些新的改进等。

（4）A（action）处理：对检查的结果进行处理，对成功的经验加以肯定、予以标准化、加以推广继承，并对相关人士进行表彰；对失败的教训也要总结，引起重视，防止再次出现；对出现的新问题、发现的新需求，应提交给下一个 PDCA 循环去解决。

PDCA 循环不仅应用在质量管理方面，也是一般管理的科学程序，在教育中有许多应用。首先，每一个学期、学年的管理都是教育质量管理的重要内容与相对完整的 PDCA 循环，都可以运用这一循环技术来开展教育质量管理与领导；其次，对于专项教育质量改进活动，如提高教学质量、改进班级管理质量、提高学生研讨质量等，都应该遵循 PDCA 循环的要求。再次，PDCA 循环为提高教育质量提供了一个工作程序和整体思路，不论是个人还是组织都可以按照 PDCA 循环的要求来设计、开展教育质量改进和管理的活动与工作。

(三) ISO9000 质量管理体系的八项基本原则及教育应用

ISO9000 质量管理体系是国际标准化组织于 1987 年颁布的，此后又在 1994 年、2000 年、2008 年分别对该标准体系进行了三次修订。这套标准体系一经公布，便迅速在世界范围内传播开来。我国于 1992 年开始采用这一标准体系。ISO9000 质量管理体系的精髓是其中的"八项基本原则"，这也是开启 ISO9000 质量管理体系的钥匙，还是教育质量管理中公认的有效指导思想之一。

1. 以顾客为关注焦点

在一定程度上讲，教育就是一种服务，教育质量就是以教育服务与学生、家长和社会的程度来衡量的即顾客的满意度，提高质量就是要提高顾客的满意度。ISO9000 质量管理体系认为，组织依存于顾客，所以应当理解顾客现在和将来的需求，满足顾客需求并争取超越顾客期望。

顾客是指接受产品的组织或个人，而产品既包括有形的产品，也包括无形的服务或工作结果。在教育中，"以顾客为关注焦点"就要紧盯住学生、国家和其他顾客现在和将来的教育需求，以满足教育需求为中心，将更好地满足教育需求当作学校发展的目标，努力缩短理想需求与现实满足度的差距，并致力于超越一般客户的教育需求，达到卓越发展的水平。其中，第一，开展学生需求调查、教师需求调查、社会需求调查是基本功；第二，在过程中随时开展相关顾客的满意度调查是必须做好的经常性工作；第三，依据调查采取切实可行的改进行动是贯彻这一原则的关键。

2. 领导作用

ISO9000 质量管理体系认为，领导在提高质量和促进组织发展中起决定性作用。领导要为组织建立统一的宗旨和方向，创造和维持能够让员工充分地参与实现组织目标的内部环境。这样会让员工理解组织目的和目标，激励他们向这个方向努力。如果以统一的方式评估、合作和实施各项活动将会降低组织各层级之间的沟通误解。

运用这一原则提高教育质量：第一，要综合考虑各种教育需求和待解决的教育质量问题；第二，要为组织的未来建立一个清晰的发展愿景与教育质量目标；第三，要设置有挑战性的教育质量目标；第四，要在组织各层级建立和维护共同的价值观与教育质量观；第五，建立信任，消除恐惧；第六，为教职工提供所需资源、培训，激发教职工自主开展相关工作的职责和义务；第七，努力激发、鼓励教育质量改进行为，认可并奖励其贡献。

3. 全员参与

ISOMOO 质量管理体系认为，各级人员为组织之本，他们的充分参与才能使他们的能力为组织带来收益。运用这一原则提高教育质量：首先，要加强宣传，宣传提高教育质量人人有责、提高教育质量没有旁观者的理念；其次，要明确每个人的质量责任与目标；再次，加强教职工之间的沟通，使他们能共享彼此的知识与经验；最后，建立相互检查与互助机制，人人当质量监督员，人人是质量管理者。

4. 过程方法

ISO9000 质量管理体系认为，过程是"一组将输入转化为输出的相互关联或相互作用的活动"，将活动和相关资源作为一个过程进行管理，可以更高效地得到期望的结果。在教育质量管理中，过程方法就是将提高教育质量的活动看作一个将投入转化为产出的过程加以研究和管控。第一，质量过程是由质量活动构成的，清晰地界定出提高教育质量所必须采取的活动是过程方法的基本工作。第二，在这些必要活动中找出"关键活动"，并为保证关键活动的顺利完成和建立清晰的职责与义务。例如，课堂教学是提高教学质量的关键活动，欲有效提高教学质量，必须把提高课堂教学质量的责任与义务明确地落实到小组和个人。第三，在关键活动过程中开展"零缺陷"活动，树立"下道工序就是顾客"的理念，保证每道工序都不能失误，就像克劳士比说的那样"第一次就把事情做对"。例如，教学设计零缺陷、教学组织零缺陷、师生合作零缺陷、学生学习零缺陷，每一个环节都是零缺陷，才能使整堂课的教学效果达到最佳。第四，要关注教育资源、教学时间、教学方法等的控制与有效利用，充分发挥其作用。

5. 管理的系统方法

管理的系统方法是指将相关的过程作为一个系统加以识别、理解和管理，理顺关系，在保持方向一致的前提下，相互协调与支持，以提高实现目标的有效性和效率。在教育系统中，这一原则要求：第一，开展系统思考，树立整体系统观，追求整体效能最大化；第二，系统设计与安排每一个环节，处理好各环节之间的关系，如教学方法的每一步骤都要以整体效能最大化为标准；第三，协调好领导管理与教学活动、后勤服务、校园文化建设等相关活动的关系；第四，做好预防工作，将质量问题尽量解决在设计与计划中，当然不可能完全解决，教育过程中的不确定因素较多，还需要教师运用教育机制创造性地解决问题提高教育质量；第五，尽量采用结构化、模块化的方法来协调与集成各个过程；第六，通过测试和评估持续地改进系统。

6. 持续改进

ISO9000 质量管理体系认为，持续改进组织的总体业绩应是组织的一个永恒目标。"任何组织的优势无不是通过改进获得的。无论是对产品（服务）本身的改进，还是对产品（服务）过程的改进，或是对管理过程的改进；也无论是降低成本、提升质量、改良产品、创新服务或是消除浪费等的改进，无论是怎么样的一种说法，或是哪一种用语，组织任何的进步都可以归纳为改进。"其运用主要表现在：第一，"管理方法没有最好，只有最适应"，提高教育质量须持续地改进管理方法和业绩；第二，教育质量的持续提高须以教职工的能力提升为基础，须对教职工开展持续改进方法和工具方面的培训；第三，将持续改进作为全员的工作目标；第四，注意总结经验与教训，完善奖惩制度。

7. 基于事实的决策方法

ISO9000 质量管理体系认为，对数据和信息的分析是有效决策的基础。在提高教育质量过程中，要注意收集可靠的数据信息，并用科学的方法分析数据，不能仅凭经验做决策。虽然任何决策都是以经验为基本依据，但是如果仅凭经验知识进行决策，那么决策的科学性无法保证，因而结果也是靠不住的。

8. 与供方互利的关系

ISO9000 质量管理体系认为，组织和它的供应商建立相互依存、互利的关系有助于增强双方创造价值的能力。这个原则在提高教育质量上主要表现为师生关系、家校关系和学校与社会关系的相互依存、相互促进。其中，最主要的是学校与学生和家长的关系，只有学校办学越来越满足学生和家长的需求，学校的生源越来越好，学校提高教育质量的努力才能更容易取得成功。

（四）克劳士比质量思想的基本原理及教育应用

克劳士比是美国著名的"零缺陷之父""全球质量管理大师"，他的质量管理思想在美国和世界都有较大影响力。

1. 质量就是符合要求

克劳士比认为，质量就是符合要求，而不能定义为好、奢侈、光亮，或者分量等主观判断的词。他在《质量免费》一书中说："从头到尾只要你看到质量这两个字，就可以把它诠释成'符合要求'。"应用到教育上，教育质量就是符合学生的要求、符合国家的要求、符合社会用人单位的要求、符合家长的要求、符合教育质量标准的要求等。因为人们的要求是变化的，所以质量也是变化的，提高教育质量要随着人们对教育要求的变化而不断创新。

2. "零缺陷"思想

"零缺陷"是克劳士比发明的一个质量管理概念。克劳士比把高质量工作的标准确定为零缺陷，要求员工必须竭尽全力做到零缺陷。他指出，"凡人都会犯错误""差不多就好"的习惯坚决不能要，必须树立零缺陷的信念，确保万无一失。这是一个态度问题，绝不能有半点松懈。"零缺陷教育"是指百分之百地发挥教育者的潜能，百分之百地运用已有的条件，百分之百地满足学生发展与生活需求的教育境界。这虽然只能是一种理想的教育状态，但这样的态度与追求是提高教育质量所不可或缺的，而且学生作为教育产品，如果出现次品或者危险品，其危害将无法估量。

3. 第一次就把事情做对

"第一次就把事情做对"是克劳士比提出的具有巨大影响力和指导价值的质量管理口号，其含义是不要依靠生产和检验等后续环节才强调质量，要加强预防工作，从一开始的设计环节就保证质量，一开始就把事情完全做对。如果设计出了问题，生产做得再好也只是把这个错误制造出来。所以，质量不仅是生产出来的，更是设计出来的。保证教育质量不仅要关注教育教学过程，更要关注教育教学的准备、条件、组织设计、管理计划、教学计划、教学设计、活动设计等开始环节的质量问题，一开始就保证教育教学的正确性。

4. 质量免费

克劳士比认为，质量成本包含把事情做错了之后所牵涉的费用，它包括废料、重修品、多次售后服务、检查测试以及其他类似活动。如果第一次就把事情做对，达到零缺陷，就没有了废料，没有了重修品，不需要多次售后服务，也不会发生进行检查等其他花费，因而是免费的。他说："质量不仅是免费的，它还是利润的重要贡献者。"教育也存在着成本问题，减少了"补习""补课"和"补考"的教育自然是高效的、更加节省的。教学质量越低、重复次数越多、精力与时间投入越多的教育，花费也就越高。

5. 永续成功的组织

克劳士比将保证质量与组织的成功联系在一起，欲持续地提高质量，就要打造永续成功的组织。他认为组织就像人，会因为不良的生活方式而得病，因此它们需要学习如何健康地成长、生活。"一个组织要想实现永续成功就必须具备以下5个特色：

（1）人们第一次就能把事情做对。
（2）增长是盈利的和稳定的。
（3）客户的需求是可预测的。
（4）变化是有计划的和可管理的。
（5）人们为在此工作而感到自豪。"

打造永续成功的学校同样需要组织学习；需要教职工第一次就把事情做对；需要努力使学校持续不断地取得进步；需要及时全面地了解学生、社会和家长对教育的需求，并对不健康的需求加以引导；需要保持对变化的敏感性，及时应对变化，顺势而为；需要增进学校师生的自豪感。有一个持续不断发展的学校组织系统，教育质量的持续改进就有了保证。

6. 完整性原理

克劳士比认为，高质量管理工作要有自己的经营哲学，这种哲学必须与完整性和人的尊严保持协调一致。质量是组织的骨架，资金是组织的营养，而关系是组织的灵魂，三者构成一个整体。保证与提升质量要全面系统地考虑各种因素，其计划、策略、方案和措施要有完整性。提高教育质量也是一样，要有系统设计与策划，要有配套措施，不能就事论事地采取单方面措施；要用统筹协调、相互支撑与促进的各种措施保证学校的可持续发展和教育质量的持续提升，这也正是全面质量管理的价值所在。

三、提高基础教育质量的策略与方法

我国基础教育质量的评价一直存在着两种不同的观点：一种观点认为，中国基础教育注重基础知识和基本技能的训练，质量很高。特别是上海在2009年和

2012年参加了国际PISA测试，连续两年获得世界第一的事实以及英国课堂教学大规模引进上海的教育模式，为这种观点提供了有力支撑。另一种观点则认为，虽然中国基础教育在基础知识和基本技能的掌握方面成绩可嘉，但方式方法并不高明，简单传授、机械学习、被动接受、应试倾向严重、学习负担较重、素质单调、发展片面、后劲不足、缺乏创造性等问题普遍存在，而且有些方面的问题还相当严重，其质量较低。这两种观点都有一定道理，但都不全面。只有从学生个人发展与社会需求的满足程度、终身持续发展全过程、基础教育的定位等多维度系统地全面地深入地研究，才可能对中国基础教育质量做出全面准确的判断。总的来讲，我国基础教育质量不低，但也不算高，与为实现中华民族伟大复兴提高民族素质的时代要求相比还有较大差距。因此，我们仍需下大气力全面提高基础教育质量。

（一）增强教育质量意识，坚持以质量为核心

提高教育质量首先要提高对教育质量的重视程度，增强教育质量意识。质量意识主要是指学校从领导到每一名师生对质量和质量工作都有正确的认识、理解与重视，它对质量行为起着极其重要的影响和制约作用。教育质量意识高主要有四个表现：一是人人都知道什么是质量，教育质量对个人和学校意味着什么，教育质量有什么重要价值；二是领导和教师了解教育质量管理的基本要求与程序，并能主动地坚持质量标准，有意识地努力保证自己工作的质量；三是人人都有高度的教育质量责任感，不马虎、不对付，接受"零缺陷"质量观；四是学校要以保证质量、提高质量为核心，质量是第一要务，形成时时都是提高质量之时，人人都是保证质量之人，处处都是改进质量之地，事事都是见证质量之机的质量共识与质量文化。

提高教育质量意识首先是领导的责任，只有校长等学校领导重视教育质量，时时处处把教育质量当作头等大事，教师和学生才会逐渐养成重视教育质量的习惯，优秀的学校质量文化才会逐渐生成。当然，每一名教师都要有自觉地提高教育质量的意识，把保证与提高质量当作最重要、最基本的职业道德与工作要求，并持之以恒地追求高质量。另外，加强教育质量管理方面的培训与评估是提高教育质量意识的有效方法，只有天天要求质量，天天检查质量，事事强调质量，以高质量为荣，以低质量为耻，才能在学校中培养起关心质量、重视质量、全面追求质量的高质量意识。

（二）以教育改革为动力，全面实施素质教育

提高教育质量的根本出路也必须依靠改革，通过改革破除那些影响教育质量的消极因素，建立和增加有利于提高教育质量的积极因素，建立起高质量高效能的基础教育体系。在这一过程中，必须坚持全面实施素质教育这一正确的教育改革方向，确保我国基础教育质量改进始终前进在素质教育的方向上。

（三）树立先进的教育质量观，追求正确的教育质量

教育质量观是人们关于教育质量的根本看法，先进的教育质量观是在先进思想指导下反映教育发展规律的有关教育质量的内涵、标准、特征、目标与价值、改进方法与途径等方面的基本观点。先进的教育质量观能引导教师运用正确的方式方法追求正确的教育质量，保证提高教育质量的科学性与有效性。正确的教育质量主要是指符合党和国家教育方针、符合社会主义教育规范和素质教育要求、符合儿童成长发展规律与学校和儿童实际需求的质量。在实际教学中，存在着许多运用不正确方法追求不正确教育质量的现象，要明察之，改正之。例如，通过高强度的训练提高小学生识字能力与写字美观度的做法就违背了儿童的天性，会损害儿童的学习兴趣、身体健康与整体人格的和谐发展。

树立先进的教育质量观，追求正确的教育质量，需要有意识地促进以下十个方面的转变：

（1）由"被动的质量观"转向"主动的质量观"。改变被动等待检查的局面，主动满足各方面的教育需求。

（2）由"物的质量观"转变为"人的质量观"。学生是活生生的完整的人，不能被当作接受知识的容器或等待加工的物件，提高教育质量要在满足学生作为一个生命个体积极向上的全面和谐发展需求上下功夫。

（3）由"教的质量观"转向"学的质量观"。不能只重视教的质量，更要重视提高学生的学习水平与效果。

（4）由"必须具备的质量观"转向"有魅力的质量观"。提高教育质量不是简单地达到上级的质量标准，而是要超越一般性的质量指标，在满足必备质量的基础上，提高对教育教学愿景的吸引力与过程魅力，激发学生对学习的兴趣与积极性，最大限度地使每一个学生的学习与发展需要得到满足，使学生与教师共同努力实现教育质量改进的目标。

（5）由"单一片面的质量观"转向"全面和谐的质量观"。反对片面追求升

学率的做法，把高质量教育视为帮助学生有效学习、为学生的终身发展打下必要基础、实现人格和谐发展三者的统一。

（6）由"部分人员的质量观"转向"组织整体的质量观"。提高教育质量不仅仅是领导和教务部门的事，而是所有人的职责。

（7）由"暂时的质量观"转向"持续的质量观"。提高教育质量不是暂时获得某一指标的领先，而是要追求学生和学校的可持续发展。

（8）由"质量管理观"转向"质量领导观"。不仅要加强质量监督、检查与控制，更要学会运用质量愿景、先进教育质量观念、激励与帮助等手段开展教育质量领导工作。

（9）由"达标质量观"转向"追求卓越质量观"。达标只是一般水平，是底线，只有不断地追求卓越才能持续地保持高质量高效能。

（10）由"封闭的质量观"转向"开放的质量观"。不能只关注内部和眼前，还要关注社会变化趋势与社会资源的开发利用，进一步解放思想，学习借鉴先进教育质量改进经验，利用一切可以利用的资源为提高教育质量服务。

（四）积极借鉴已有的质量管理思想与经验，提高教育质量管理的有效性

诞生于企业的质量管理，由于其科学性、实效性和可操作性，已经对教育管理产生了重要影响，并且正在为那些热爱它、研究它、运用它解决教育质量问题的学校带来改进与荣誉。美国20世纪80年代开始将全面质量管理的原理与方法运用于学校，效果显著。我国教育界于20世纪90年代后期开始关注ISO9000质量管理体系，目前已有一批大中小学和幼儿教育机构通过了ISO9000质量管理体系认证。这些已经获得认证的学校教育质量和整体效能都获得了保障，并持续发展。

实践证明，学习运用全面质量管理的思想、原理与方法，对于提高教育质量有三个重要作用：第一，有助于将教育作为一种服务，提高校长和教师对学生、学习活动的服务意识与质量，使提高教育质量的努力回归于根本，更好地帮助学生学习与成长；第二，有助于提高教育质量管理的科学性与有效性，少走弯路，尽快出成绩；第三，有助于促进提高教育质量的努力由主要依靠外在评估向主要依靠内在教育质量管理转变，使提高教育质量成为学校的内在需求与习惯，进而促进学校的可持续发展。

在应用全面质量管理的过程中有三点注意事项：一要认真全面地学习全面质量管理的理论与经验，深刻领会其精神实质，严格执行其程序与要求，坚决做到

位，确保不走样，切忌马马虎虎，有名无实盲目跟风；二要千方百计地发挥学生的主体作用，而不能将学生当成产品来加工和管控，因为教育比企业生产复杂得多，教育质量不仅取决于教师，更取决于学生；三要注意研究教育质量管理的特殊性与创造性，创造性地运用全面质量管理的原理与方法，并结合实际探索属于教育自身的全面质量管理的思想与经验。

（五）树立效能意识，建立质量与效能互动机制

效能是实现目标取得实际效果的能力，是提高质量的内在根据。树立效能意识有助于避免毕其功于一役的简单做法，有助于防范不科学地依靠加大时间、精力与财力投入的外延式的提高教育质量的做法。例如，在实践中经常有过度增加学生学习负担和过度加大教师工作强度来提高学生学习成绩的做法，虽暂时取得了一定实效，长期来看可能损害了师生工作学习的积极性与主动性，不是我们倡导的正确做法。教育质量是教育效能的重要指标之一，但教育效能不仅包括教育质量，还包括教育方向、教育效率、教育方法、教育内容、教师的专业发展和教育进步的增量等因素，是更能够代表学校整体发展能力与水平的指标。提高教育质量不能单兵独进，一定要有整体的效能观，才能取得更全面、更长久、更根本的进步。也就是说，改进质量要与改进条件、提高效率、改革课程、促进教师专业发展、坚持正确的教育方向、注重实实在在地促进学生的发展有机结合起来，在整体改进中真正地、持久地提高质量。要致力于建立质量与效能的互动机制，从组织发展的角度改进组织的制度与运行习惯，从而使学校能够持久地开展高质量教育。

（六）聚焦于学生，努力为学生学习服务

"聚焦于学生"是"聚焦于顾客"在教育上的具体表现，是教育卓越绩效评价的重要准则，是提高教育质量的重要价值观与工作原则。"聚焦于学生"主要有四方面要求：一是尊重学生、爱护学生，将学生当作具有平等人格的正在成长中的人来尊重，尊重其学习、成长与生活需求与规律；二是细心观察与深入了解和发现学生的需求，积极主动满足，因需而教，顺势而导；三是将满足学生的学习、成长和生活需求，促进其发展当作教育教学工作的直接任务，树立为学生服务、为学习服务的理念，把提高教育质量转化成为学生提供更好的教学服务；四是将为学生服务与遵循教育教学原则结合起来，将完成教学任务与满足学生的合理需求有机地统一起来，防止走极端。

（七）以事实为依据，找准质量问题

全面质量管理特别强调"基于事实的管理"，从事实出发，以事实为依据，找准问题，采取具体有效的策略与手段，通过解决实际质量问题来提升质量。对于提高教育质量而言，具体要求有四方面：一是树立实事求是、从实际出发、解决实际质量问题的理念，而不是脱离实际地空喊口号；二是开展实际调查，向教师和学生征求质量问题与提高教育质量的意见；三是对教育输入、教育过程、教育环境、教育结果、教育评价的全过程进行数据测量与分析，明确教育质量是投入问题还是生源问题；是教师工作态度问题，还是教师专业水平问题；是学校的领导问题，还是工作环境问题，等等；四是将发现的质量问题明确地列出来，召开专家论证会，把问题分为关键与核心的问题；派生性枝节问题；短期能解决的问题；暂时解决不了的长期问题；自己努力能解决的问题；需要上级或外部帮助才能解决的问题，等等，然后依据这些问题的轻重缓急，结合实际，制定出兼顾各个方面的质量改进方案。

（八）把好质量设计关，第一次就把事情做对

全面质量管理的一个重要特征是由管理结果转变为管理因素，即不依靠事后的检验而是通过提前的预防来保障质量，其中重要理念与手段就是"第一次就把事情做对"，"从设计开始保证质量"等。对于提高教育质量而言，既包括学校建设的顶层设计、学校定位、教育目标、教育理念、教学特色与风格、学校文化、组织机构、沟通交流制度、评价标准等宏观设计，也包括教学设计、活动设计、班会设计、讨论话题的设计等微观设计。总之，教育教学活动未开始之前要先设计好，没有良好的设计就难有高质量的教学。需要说明的是，在实际教学过程中，要处理好预先设计与生成的关系，设计是为了更好地生成，生成是对设计创造性地贯彻执行。不能僵化地推进设计，更不能以尊重生成的名义轻视设计，而要通过良好的、完整的科学设计来促进和激发创造性的生成。

（九）注重教育过程，监控与指导并重

教育质量是教育过程的结果，没有科学高效的教育过程就不可能有满意的教育质量。教育质量管理将过程管理当作七大类准则之一，要求建立和说明"如何创建以学习为中心的过程"和"如何为以学习为中心的过程提供支持"，而且要说明预算、财务过程，紧急情况下确保教育教学连续性的过程等。从我国的经验

来看，除了提供财务、政策和条件支持以外，保持对教师教学过程的适当监控与指导也是必要的。特别是在教育改革的初期更是如此，因为提高教育质量需要教育思想、教育观念、教育方式方法、课程设计等方面的改革，需要改变过去的旧习惯，建立新常规。而建立新常规需要外力的约束与指导，所以在提高教育质量的过程中，进行过程监控、过程评价与指导是必要的。当然，在这一过程中要尊重教师和学生的教学与学习的自主权，不能够损害教师与学生的人格。

（十）关注教育结果

提高教育质量总要体现在结果上，特别是能够用数字表述的结果上，如考试成绩、素质提高的数量化程度、能够区别开来的能力与人格表现等。关注结果首先要求设计与计划中要关注结果的改变，要有具体的质量改进目标，不能泛泛地讲提高教育质量；其次，要在教育过程中关注目标与结果，坚持目标导向，追求实际的教学效果；再次，教育结果要关注全面发展，而不是只注重学业成绩。例如，除了学业成绩外，还要关注组织有效性的结果、领导与管理结果、财务支持结果、学生全面发展结果、心理健康程度、学校和班级文化建设结果、学校效能结果、学校社会声誉等。

（十一）大力开展创造性教学

素质教育是前无古人的创造性实践，不可能依靠简单的模仿赢得高质量，需要在继承优秀民族传统与借鉴西方发达国家有益经验的基础上开拓创新。特别是解决"钱学森之问"，提升中华民族的创新素质，培养杰出人才，必须加强创造性教学。也就是说，欲有效提高教育教学质量，不仅方式方法要有创造性，而且要把培养创新素质作为重要的教学目标，明确地列出来，作为教育教学必须完成的具体任务。例如，研究体验式创新教学法要求，每一节课在教学设计环节要明确列出创新素质培养目标，并保证至少要有一个教学环节或一个教学活动点能够有效地锻炼学生的创新素质。

（十二）加强素质教育"三个重点"素质的培养

素质教育明确指出"要培养学生的社会责任感、创新精神和实践能力的教育"。问题是虽然文件规定了这"三个重点"，但实际上三个重点素质并没有得到有效的重点培养。要提高素质教育质量，首先要解决素质教育"三个重点"有名无实这一问题。其策略与方法主要有二：第一，进一步加强宣传，让广大教师和家长明白为什么要加强这三个方面素质的培养，树立素质教育重点培养的意识与理念；第二，将社会责任感、创新精神和实践能力三个重点素质培养列为每一门课程、每一节课的教育教学理念，贯穿于教师每一天的教育教学过程，使其真正得到高度重视和有效培养。

（十三）深入系统研究提高教育质量的特殊性

教育活动既不同于工厂的生产活动，也不同于一般的服务活动。因此，简单地照搬企业界的全面质量管理原理与方法是难以做好教育质量提升活动的，必须在借鉴其经验的同时加强对教育活动特殊性的研究，逐渐形成符合教育特殊性和质量管理规律的教育质量管理理论。其中，有三点需要特别关注：第一，教育的对象是人，教育质量管理必须坚持以人为本的原则，不能将教师的劳动对象物化来进行加工和管制；第二，提高教育质量不仅是教师的事，也是学生的事，只有师生共同努力才能有效提高教育质量，要改变传统的教学观，要把教学中心聚焦于学习、聚焦于学生，充分发挥学生的主体作用；第三，提高教育质量不能只关注暂时的学习成绩的提升，而应该着眼于未来，要从终身发展的角度来实施教育质量提升。

（十四）解放思想，积极学习运用新思想新方法，大力推进教育质量研究与实践创新

新科学、新思想为提高教育质量提供了广阔的前景与可能性，因此应进一步解放思想，积极主动地学习、借鉴与运用新思想、新理论、新方法，积极探索提高教育质量的新路径、新策略，大力推进教育质量管理理论的发展与教育质量管理实践的创新。特别是在教育现代化、教育信息化、教育智能化和生态文明建设的背景下，新使命、新思想、新标准、新方法、新技术层出不穷，需要我们有更宽广的眼界、更开放的胸怀、更高的境界、更积极的态度、更科学有效的措施去研究新的质量问题，取得更大的质量改进成效，努力办好人民满意的基础教育。

（十五）倡导与建立"LRIE 自我超越循环"，促进教育质量的持续提高

"学习（learn）—研究（research）—改进（improve）—评价（evaluate）"循环，简称"LRIE 自我超越循环"是持续提高个人和组织能力的行动循环。不论是个人还是组织，每经过一个循环，其能力就会有一定进步，其水平就会有一定提升。具体到提高教育质量，"学习"是指学习与提高教育质量相关的理论与

方法;"研究"是指研究提高教育质量的相关事务与人员的特性及活动规律,找出一般的有效方法,制定提高教育质量的行动方案与计划;"改进"是指采取实际行动,执行改进方案,运用基于事实的有效措施保证提高教育质量的实际效果;"评价"是指在教育教学全过程中对学习、研究、改进各项行为和各个环节开展及时的反思与评价,在反思与评价中发现新的质量问题,并开始新的学习、研究与改进,不断循环,不断改进,从而使教育质量得到持续不断的提高。连续完成足够多个"LRIE 自我超越循环"后,学校的整体教育质量与效能定会取得明显的提升。

(十六) 系统思考,构建基础教育质量提高的有机体系

《第五项修炼》被称为 21 世纪的管理圣经,是美国管理专家彼得·圣吉(Peter M. Senge)的著作。作者在书中提出了建设学习型组织的五项修炼,即自我超越、心智模式、共同愿景、团队学习和系统思考。他之所以将书命名为"第五项修炼",而不是"五项修炼",目的就在于引起读者对"系统思考"这项修炼的高度关注,运用第五项修炼将其他四项修炼统筹起来,共同完成建设学习型组织的任务。其实,提高教育质量也是一样,一定要系统思考,统筹兼顾,将各种实际措施在提高教育质量的目标下整合起来,协同互助,形成提高教育质量的有机体系。为此,需要特别强调以下三点:第一,从一开始就要系统思考,横向考虑各要素之间的影响和各种关系的作用,纵向计划各程序与各环节之间的联系与递进,整体上致力于学生全面学习与发展质量的提升,而不能只着力提高一两科学习成绩,或者只关注考试成绩而忽视人格培养;既要在各关键点上下功夫,更要保证学校整体教育质量的改进与提高。第二,协同好教育领导与管理、课程、课堂教学、教学条件、教学文化、学校财政、学生、教师各种力量的关系,充分发挥其有效的互助作用。第三,特别处理好重点与整体的关系,重点质量问题的解决、骨干教师作用的发挥、重点素质的培养等重点工作一定要与整体教育质量的提升密切地结合起来,使重点与整体协同改进、共同提高。

第三章　基础教育的改革与课程整合

第一节　基础教育新课程改革

改革开放四十多年来，我国基础教育取得了前所未有的辉煌成就，基础教育课程建设也成绩喜人，但是也存在不少问题，例如教育观念滞后；课程内容偏、难、繁、旧等；课程结构与评价单一等，已不能完全适应时代发展的要求，迫切需要进行基础教育课程改革。众所周知，课程是国家人才培养和民族文化建设的基础，有什么样的课程就会培养出什么样的人才，基础教育课程改革就要改变以书本知识为基础的课程现状，树立以培养创新素质为核心的教育理念。

一、基础教育新课程改革的理念

《基础教育课程改革纲要（试行）》主要是从价值取向、课程结构、课程内容、课程实施、课程评价和课程管理等方面对新课改进行阐释。解读这一文件，深入分析其隐含的指导思想与课程理念，更有助于准确地把握我国新一轮基础教育课程改革的基本思路。

（一）"三个面向"的指导思想

《基础教育课程改革纲要（试行）》中明确指出，基础教育课程改革要以邓小平同志关于"教育要面向现代化，面向世界，面向未来"重要思想为指导，全面贯彻党的教育方针，全面推进素质教育。这是统辖新课程的一条主线。

首先，教育与现代化建设相互依存，这要求教育要主动适应现代化建设的需要，培养社会主义现代化建设所需要的人才。同时，教育本身也要实现现代化。教育应主动走在社会主义现代化建设的前列，在教育观念、体制、内容、方法、手段和教师素质等方面首先实现现代化。

其次，教育改革与发展不仅要着眼于中国，还要放眼世界，实际上就是教育要为我国的对外开放服务。我国加入世界贸易组织，扩大对外贸易，建设特区，引进外资企业，在科技、文化、教育等方面都产生了很多影响，这就需要大量的开放性人才满足我国各方面的发展，尤其是在经济、科技上的国际交流、合作与竞争中发挥其积极作用。

最后，教育不仅要考虑当前，而且要着眼于未来；既要看到近期的需要，也要立足长远；不但要以生产建设发展的需求为依据，而且必须充分估计到现代科学技术的发展趋势，做出教育和课程改革的长远规划和设计。

（二）"以人为本"的价值取向

新课程的核心理念是"为了每位学生的发展，为了中华民族的复兴"。"以人为本"导向是课程改革的价值基础。回溯新中国课程改革的历程，我们不难发现，在某些时期，课程改革过分依赖政治或过分注重科学，在一定程度上忽视了对于"人"本身的关注，对培养有健全人格的个性公民造成了不良影响。新一轮课程改革着重突出了全人发展的课程理念，强调课程要促进每个学生的身心健康发展，培养学生良好的思想品德，培养学生终身学习的愿望和能力，处理好知识、能力及情感、态度、价值观的关系。"为了学生的发展"主要体现在两个方面：一要促使学生的个性发展，尊重学生的独特性、具体性和差异性。新课程追求学生的个性发展，承认学生是有潜力、有发展、有差异、有独立个性的人。二要体现新时代的价值观。新课程倡导"全面的、人的教育"，既注重学生认知方面的发展，又注重学生情感、态度与价值观等方面的发展，力图整合人文主义教育和科学主义教育，强调健康体魄、健康心理、健康生活方式，注重学生的科学探究精神和道德人格的培养，关注日常经验并提供人性化的课程，促进学生和谐、均衡地发展。

（三）回归生活的本真追求

课程由科学世界回归到生活世界，面向学生、面向社会，是新课程改革的一大飞跃。人首先是生活世界中的个体，并在生活世界中认识自然现象，理解和体验社会。学生并不是一张白纸，他们有自己的生活经验。在现实世界里，学生每时每刻都与自然界、社会和他人发生联系，课程内容只有面向生活世界，关注与学生生活息息相关的经验，引导学生在与自然、社会的互动中成长和发展，才能真正改变学生的生存状态、生活方式，提高其生活质量。因此，必须改革以往课程内容过于注重书本知识的情况,加强课程内容与学生的生活世界以及现代社会和科技发展的联系,关注学生学习的兴趣和经验,精选终身学习必备的基础知识和技能,改变"课程等同于教材,资源仅限于书本"的观念,从学生熟悉的现实文化生活和社会实际中选取学生所关注的话题,将生活纳入课程和课堂中,使课程由理性的、抽象的科学世界回归到直观的、形象的生活世界,由原来的关注科学规律和法则回归为关注学生的情感和体验,由以科学为中心回归为以现实生活世界中的人为中心。

(四)建构主义的理论立场

新课改的理论基础之一是建构主义理论。建构主义是学习理论从行为主义发展到认知主义以后的进一步发展,关注的是学习者如何以原有的经验、心理结构和信念为基础来建构知识,强调的是学习的主观性、社会性和情景性,其新颖的知识观、学生观和教学观对改变传统的学校教育教学具有重要意义。传统的知识观是建立在客观主义基础上的,认为知识是客观的、无可怀疑的和固定的。学习就是通过强化建立刺激与反应联结,忽视了学生的理解与心理过程。而建构主义强调,知识并不是对现实世界的绝对正确表征,不是在各种情境中皆准的教条,相反,它只是一种关于各种现象的较为可靠的解释或假设,处在不断的发展中,会随着人类的进步而不断地被"革命"掉,并随之出现新的假设。正因为此,知识不可能以实体形式存在于个体之外,也不能以灌输的方式从外部机械地传授给学生。学生对知识的学习过程一般基于自己原有的知识经验背景,在教师的帮助指导下自主建构的过程。在这一过程中,学习者不是被动的信息吸收者,而是主动的信息建构者——学习者综合、重组、转换、改造头脑中已有的知识经验,来解释新信息、新事物、新现象,或者解决新问题,最终生成个人的意义。建构主义强调,虽然学生的学习是个体主动建构的过程,但学习并不是孤立的活动,而是通过对某种社会文化的参与而内化相关的知识和技能、掌握有关工具的过程,具有社会互动性。这一过程通常需要通过学习者与教师的合作互动来完成。同时,建构主义者认为,知识是不可能脱离具体情境而抽象存在的,学生对知识的学习应该在实际情境中通过应用活动来进行。

综上所述,建构主义理论强调知识的动态性,学生个体经验的重要性,学生学习的主动建构性、社会互动性和情境性。在建构主义理论指导下,新的课程改革不断强化"以人为本""以学为主"的基本方向,不断在课程与教学实践中凸显活动性、情境性、合作性,以期真正超越陈旧的传统课程与教学观念。

二、基础教育新课程改革的成就

我国新一轮基础教育课程改革是对原有的课程体系和课程观念的彻底改革，这一改革使新课程体系在课程功能、结构、内容、实践和评价等方面都较原来有了重大创新和突破。经过多年的努力，综观新课改的实践进程，我国的新课改在基本教育理念、学生全面发展、教师专业成长、学校自主提升、管理部门职能转换等方面都取得了重要成就。

（一）素质教育的理念开始普及

新课程改革实际上是素质教育理念推广、普及和实践的过程。如果说课程改革前素质教育主要是一种教育行政领导的单边话语活动，那么课程改革后这种领导的话语方式已经在相当程度上转变为教育领域的大众话语方式。素质教育的理念通过课程目标、课程结构、课程内容、课程实施、课程评价等的系统性变革，逐步深入广大教师的心里，转变为教师的教育理念与行为，影响学生的进一步发展。教育的最终价值在于实现人的全面发展、个性发展、自由发展的观念已经得到越来越多教师的认可，并成为占主流地位的基础教育思想。可以说，基础教育课程改革为素质教育理念的全面落实提供了土壤和渠道，同时，素质教育也对基础教育课程改革发挥了重要的引领作用，素质教育理念在很大程度上纠正了过去片面的学生发展观、单一的课程与教学观、错误的考试与评价观，使基础教育真正成为素质教育。

（二）学生的发展更加主动全面

在素质教育引领下，基础教育课程改革坚持"以人为本"的设计思想，把提升人的整体素质、促进人的全面发展作为改革主题，将人的发展与环境、社会和谐发展融合在一起。为了实现学生全面发展的教育目标，课程改革积极转变人才培养模式，丰富优化学校课程体系，创新课堂教学方式。丰富多彩的校本课程极大地丰富了学生的学习内容，为学生的兴趣培养、个性发展创造了条件；先学后教、自主学习、合作探究、讨论交流、实践体验等开始成为学校教育教学的常用方式，有效地实现了教学方法的多样化；过程评价、自我评价、成果展示、汇报演出、档案袋记录等评价方法真正把评价的关注点从学生的最终成绩转向了学生的实际发展。这些措施切实有效地促进了学生的发展，广大中小学生的学习兴趣和学习愿望明显增强，创新精神、合作意识、探究能力、学习能力和良好的思想品德与社会责任意识得到显著发展，扎实掌握基础知识和基本技能的优良传统得到巩固。

（三）教师的专业素质明显提升

教师素质是推进课程改革的重要条件和关键因素。在课程改革中，国家、地方和学校始终把教师的专业发展作为改革的重中之重，坚持"要上岗，先培训，不培训，不上岗"的要求，连续投入大量人力、物力和财力，通过面对面培训、远程网络研修、校本教研等多种形式，组织开展大规模的新课程教师培训。同时，教育部先后在全国有关高等院校设立17个基础教育课程研究中心，积极为课程改革的理论研究、实践探索和教师发展提供专业支持。经过多年的专门培训以及与专家多种形式的交流学习，广大教师的课程意识、教育教学能力和专业水平得到明显提升。在中小学教师队伍中，一大批学者型教师、专家型教师开始成长起来。

（四）学校的内涵式发展取得成效

新课改中三级课程管理体制的实施大大激发了学校课程改革的积极性、主动性和创造性，唤醒了学校自主发展的意识，"基于学校、在学校中、为了学校"的校本课程建设和学校内涵式发展成为重要主题。相对于以往学校以人、财、物的规模扩张为主要方式的发展，在新课程改革素质教育、以人为本、建构主义等理念的引领下，学校越来越把关注的重点聚焦在学生和教师的发展上，强调以师生身心发展为基础的教育质量、效益的全面进步。也就是说，学校教育发展的重点实现了从量的外延式发展到质的内涵式发展的转变。而在学校从自身优势、条件和需求出发探索提升学校教育教学质量的过程中，学校的办学理念、培养目标、学校文化等自然而然地融入学校的课程内容、教学方法、评价方式、学生素质等方面，并以学校特色的形式呈现出来。

（五）教育行政部门的课程领导职能凸显

随着课程改革的深入发展，教育行政部门在中小学课程改革中的职能已经从传统的课程管理向着课程领导转变。教育行政部门积极改进工作方式，提升指导和实施课程的能力。在推进课程改革的进程中，教育部制定和颁布了一系列符合我国实际的政策文件，建立了充分调动各方面积极性、主动性的工作机制，组织编写、审定了大量的教科书，培养了大批具有较高专业能力和课程素养的骨干教师。各级教育行政部门也积极配合国家政策要求，努力提升自我，搭建平台，在课程改革中发挥专业指导和引领作用。如积极构建由教育行政、教研部门和科研部门组成的研究共同体，由大学学者和中小学教师组成的教师共同体，由区域间学校与学校组成的校际共同体；形成课程改革和学校发展的共同愿景，实现高水平、高质量的课程与教学，让师生获得更好的发展和成就；弱化以权威为中心的管理，以问题解决为核心，提供解决问题的空间，形成解决问题的创新举措，强调各个层面、各种角度的专业对话，在改革的过程中分享经验、共同成长。这些举措有效地推动了课程改革的科学发展，也逐渐形成教育行政部门的发展特色。

第二节 基础教育的课堂教学改革

新课改以来的课堂教学改革是在基础教育课程改革的整体背景下展开的，系统梳理其理念、目标与内容、改革策略、教学模式及其取得的成就，有助于我们更准确地把握当前我国课堂教学改革的内在逻辑，合理认识和推进课堂教学改革的深化发展。

一、课堂教学改革的基本理念

新课改以来的课堂教学改革是在综合分析世界范围内基础教育课程教学改革的趋势，深入调研我国基础教育教学的现状，并从理论上分析论证后，确立了改革的基本立场、理念，进而深入实践进行的改革行动。要准确把握本次课堂教学改革，首先应该明确这次改革的基本理念。

（一）以学生为本

课堂教学改革的最终目的是更好地促进学生发展，因而，在进行课堂教学改革的过程中必须树立以学生为本的改革取向，注重教学的学生发展价值，注重教学对学生发展的适应和促进作用。

首先，重视学生在教学中的主体性。学生的主体性是学生在教师指导下积极主动地进行学习时表现出来的一种主观能动性。在传统课堂教学中，学生被放在一个从属和被动的位置，学生的主体性缺失是不争的事实。本次课堂教学改革强调学生是认识的主体,只有充分发挥学生的主体性,学习才能真正发生。要发展学生的主体性,一方面,需要根据学生的兴趣、需要以及外部的要求培养学生处理外部信息的能动性、自觉性和选择性;另一方面,需要根据学生的知识经验、情感、意志、性格等影响因素培养学生处理内部信息的自主性和创造性。因此,发展学生的主体性实际上是在培养作为认识主体的学生处理外部信息与内部信息的主观能动性。

其次,重视学生的全面发展。在课堂教学中,学生是一个完整性的存在,学生的发展是由自然与社会、心理与生理、物质与精神、理性与情感、科学与人文等多层次、多因素构成的综合体。针对传统课堂教学中单纯地将学生视为一个认知性个体,片面地追求知识、技能、学习成绩而忽视学生健全的人格、强健的体魄、积极的人生态度、正确的价值观等方面培养的现实,本次课堂教学改革力图打破这种狭隘的教学定位,真正关注学生的现实需要,唤醒学生的潜能,促进学生自主、全面、可持续发展。

(二) 教师即研究者

教师作为课堂教学改革的主力军,其角色定位以及对课堂教学的把控能力深刻地影响着改革的成效。本次课堂教学改革超越过去统一性、模式化的改革方式,关注实践者的个别差异和个性特色,鼓励教师以研究者的身份加强对课堂教学的研究,不仅关注教什么和怎么教的问题,还要深入考虑为什么教的问题,从而使自己成为真正的教学主体,形成自己的教学特色和风格。因此,在本次改革中,教师不仅仅是知识的传授者,更是课程的创造者;教师也不再是真理的垄断者和宣传者,而成为积极的指导者、探索者和研究者。

作为研究者的教师,应立足于真实的课堂教学情境,研究、创生课堂教学活动。首先,教师要树立正确的研究意识。教师要研究的是教学中遇到的真问题,而非假问题;研究的目的是指导教学实践、解决教学问题,而不是刻意地追求课题立项、发表论文以及获得各种外部奖励;研究的过程中要树立自主意识,不要过多地依赖专家学者的指导,更不能只是单纯地执行他人的命令。其次,教师要增强自身的专业理论素养,实现理论与实际教学经验的结合,并将教学经验上升为具有一般规律性的可以推广的教学成果。最后,注重反思性实践。在反思性实践中,教师既需要具有课堂教学技巧,还需要具有对教学方法、教学内容进行反思、研究、改进的能力,以及能够对教学的社会价值、人的发展价值等深层问题进行探究、处理和评价的能力。教师对日常的教学实践进行反思,使教学实践与理论相结合,可以有效提升自身思维和行动的自觉性。

(三) 回归生活世界

关注学生,关注学生的现实生活,关注学生的生活意义和价值,是课堂教学的出发点。然而在传统的工业经济时代,学校教育的主要任务就是传授知识与技能,以书本为中心、教师为中心的课堂教学人为地割裂了学生的生活世界与科学世界的联系,使学生存在于抽象的书本知识与符号世界中。具体说来,在教学目的上,传统的课堂教学视学生为"认知体",忽视了对学生生活世界的观照;在教学内容上,过于重视书本知识的教学,而忽视了与学生生活密切相关的内容,使学生被隔离于生活世界之外;在教学方式上,过于重视传授式教学,而忽视了体验式、探究式、活动式教学,学生无法真实地体验、感受直接经验。针对传统课堂教学脱离生活的问题,本次改革强调回归生活世界,全面地观照学生的社会生活、理性生活、道德生活和审美生活,注重学生对生活的认知、理解、体验和感悟。

回归生活世界的课堂教学,需要充分重视学生的现实生活,以学生的现实生活为基础,不断地改进学生的学习方式、学习状态;需要实现书本知识与学生生活世界、间接经验与直接生活体验的有机统一,构建学生与生活世界的丰富、生动的意义联系,激励学生去认识世界、体验生活、理解生活,培养学生发现问题、分析问题、解决问题的能力;需要关注学生的生活意义与生命价值,构建"学习与生活共同体",倡导学生能够在立足于生活世界的基础上自主活动,通过对话与交往的方式来促进发展,最终把学生培养成个人生活和社会生活的主体,实现个人价值与社会价值的统一。

二、课堂教学改革的内容

结合新课改的整体思路,本次课堂教学改革从教学功能的拓展、教学内容的整合与优化、教学方式的创新和教学评价的改进四方面展开。

(一) 教学功能的拓展

针对基础教育课堂教学以知识为本,过度关注知识传授而忽视学生情感态度与价值观培养的现状,本次改革力图突破这种境遇,使学生在获得基础知识与基本技能的同时,也能学会学习,形成正确的价值观和积极主动的学习态度。

教学功能的这种转变对不同阶段、不同学科的教学在知识与能力、过程与方法、情感态度与价值观等方面都提出了基本要求，强调教学要推动每个学生身心健康发展，培养良好的品行和终身学习的愿望与能力，正确地处理知识、能力、情感、态度、价值观之间的关系，克服过度重视知识传授和技能训练的倾向。在具体的课堂教学实践中，每个学科的教学都按照三维目标的基本框架尽可能发挥课堂教学的多方面育人功能。

（二）教学内容的整合与优化

新课改前的中小学课堂教学内容存在诸多问题：教育观念落后，重视书本知识，教材内容更新缓慢，内容与学生经验和现实生活缺乏联系，繁、难、偏、旧现象突出，学生死记硬背普遍存在，学习负担重，兴趣低。对此，新课堂教学改革强调教学内容与学生生活以及现代社会与科技发展的联系，关注学生的学习兴趣和经验，注重精选学生终身学习必备的基础知识和技能。为了培养学生的学习兴趣和实践能力，在充分考虑学生个体发展的整体性和现实知识的综合性的基础上，本次课堂教学改革在内容方面，强调对不同学科知识进行合理的整合与优化。一方面，打破传统学科课程知识纵向和横向上机械分割的状况，加强学科内部和学科之间知识的有机关联；另一方面，精选现实社会中的新知识经验和学生的实际生活经验，适当纳入课堂教学，提升教学内容的时代性和实践性。

（三）教学方式的创新

新课改前的课堂教学以讲授法为主，容易导致知识的机械灌输和学生的死记硬背；以集体教学为主，对学生的个别差异和指导关注不足；师生之间以单向的信息传输为主，呈现出一种控制性特征。为了实现培养学生创新精神、实践能力，提升综合素质的目标，本次课堂教学改革倡导多元化的教学方式，强调充分利用现代化的信息技术手段和教学工具，在课堂教学中增加体验性教学、探究性教学、发现式教学、小组合作学习等教学方式，切实培养学生搜集和处理信息的能力、获取新知识的能力、分析和解决问题的能力以及交流与合作的能力。这些创新性教学方式不仅带动教师教的方式的转变，同时也带来学生学习方式的转变。学生由被动学习者逐渐发展为知识的主动建构者。

（四）教学评价的改进

教学评价是教学过程的重要环节。教学评价可以诊断和鉴定教师的教学情况和学生的学习情况，从而为课堂教学的改进提供依据，激励和引导师生及时调整教学活动，提升教学效果。新课改前，人们过多关注课堂教学评价的甄别与选拔功能，导致了严重的"唯分数"与"唯升学率"的倾向。本次课堂教学改革充分提升教学评价在促进师生发展和推动教学实践改进等方面的功能。具体说来，在教学评价的内容上，改变了过于偏重对学生知识与能力评价而忽视过程与方法、情感态度与价值观评价的状况，促进评价内容的多元化；在教学评价的主体上，改变了政府评价学校、学校评价教师、教师评价学生的单一线性评价方式，发挥政府、学校、教师、学生、家长等不同主体的价值，促使教学评价更加科学、民主；在教学评价的方法上，改变了纸笔测验的单一方式，采取笔试、口试、课堂观察、课后访谈、建立成长记录袋、调查和实验、撰写活动报告等多种评价方式；在教学评价的关注点上，改变了过于重视结果而轻视过程的倾向，加强对教学过程中学生表现的关注，使过程性评价与结果性评价相结合，更好地促进学生的发展。

三、课堂教学改革的主要策略

虽然本次课堂教学改革是在国家统一推动的新课改大背景下开展的，但在实践层面，改革包括自上而下、自下而上、自中而上三种策略。

（一）自上而下的改革策略

一场课堂教学改革是由众多因素共同推动完成的。国家或地方教育行政部门往往是其中最直接的影响因素。我国的课堂教学改革大部分遵循自上而下的改革路径。这种自上而下的改革在实践中强调学校的各种因素要与改革的要求相一致。具体来看，表现为两种主要形式：一是政府控制下的"研究—开发—推广"策略，即政府部门组织专门人员对课堂教学改革进行专门研究，并开发、设计出一致的教学改革方案，形成规范的教学流程，最后在一定的区域内推广，要求各学校无条件地贯彻执行；二是政府主导下多元主体参与策略，即在政府主导之下，让专家、教师、家长、学生、社区代表等群体参与到改革方案的制订、实施环节中，同时，适当考虑不同学校的现实条件和社会准则等多方面的因素，并且在推广改革方案时允许各学校自愿选择。与第一种策略相比，第二种更进了一步，综合考虑了多因素的影响，改革过程较为民主，因而改革的阻力相对较小。

这种由官方主导的自上而下的改革策略在实践中有其积极效应，不仅可以借助行政的力量推动改革,还可以对改革的实施情况进行监督、调控,有助于冲破阻挠改革的藩篱。当然,这种改革策略的局限性也是显而易见的。首先,采取整齐划一的改革策略,以行政力量强制要求学校推行改革,容易淹没学校的个性化需求,造成学校的敷衍,导致改革流于形式。其次,自上而下的改革策略容易形成线性的、僵化的,操作化、技术化模式,导致改革的创新性不足。最后,官方主导的改革易受政策与领导人变更等因素的影响,导致改革的连续性与实效性降低。

(二) 自下而上的改革策略

课堂教学改革的目的最终是要满足学生发展的需要,因而,课堂教学改革不仅需要政府的外部推动,还需要考虑师生因素。当学校师生主动检视课堂教学中的问题时,学校师生就可以成为改革的发起人。事实上,政府主导的自上而下的改革策略显现的诸多局限很大程度是由于缺乏对师生这一重要改革主体的现实观照。因而,以师生为主导的自下而上的自觉行动是使改革落到实处的原动力。

这种改革策略在实践中主要呈现为两种方式:一是整合发展策略,即从处理教师当下关心的课堂教学问题入手,整体规划学校系统内的课堂变革;二是顺序推进策略,以教师作为变革动力,从教师对教学单元的设计入手,以教师小范围的主动革新为基础,逐步扩展到整个课堂教学的改革。近年来,由教师发起的课堂教学改革实验越来越多,如李庾南的"自学、议论、引导"教学、李吉林的情境教学等。显然,这种植根于广袤土地上的草根化改革策略在实践中产生了重大影响。它不仅调动了教师教学的积极性与主动性,革新了教师的课堂,促进了教师专业发展和学生发展,还推动了学校的整体性变革,甚至带动了区域内整个学校教育的变革。对于这种改革,政府、学校等群体应该给予更大的自主权,并提供适当的帮扶与指导,以更有效地推进课堂教学改革的深入发展。

(三) 自中而上的改革策略

我国的课堂教学改革除了以政府主导的自上而下的改革策略和以教师个人或群体为主导的自下而上的改革策略外,还有一种居于两者中间的策略,即由学校发起变革的策略。与前两种策略相比较,这种策略选择了一种折中的路线。持这种改革策略观点的人认为,自上而下的策略过多地依赖于行政力量,自下而上的策略又必须以教师个人或群体的倾向性为改革的前提,且两种策略不能全面反映学校课堂教学的整体性需要,因而,学校应该承担起课堂教学改革的重任,作为发起变革最为合适的机构。

这种改革策略一方面广泛联合政府、家长以及社区等校外人士或机构，争取更多的改革资源；另一方面，在学校内部创设有利条件，广泛调动师生参与改革的积极性。实践表明，这种折中的改革策略的确促进了课堂教学效果，在很大程度上满足了师生的需要，得到了社会的广泛认可。譬如，杜郎口中学、洋思中学、昌乐二中、东庐中学等就是以本学校的整体力量进行改革且取得了较大成就，并被许多学校学习和借鉴。

四、课堂教学改革取得的成就

进入21世纪以来，随着新课改的不断推进，我国的课堂教学实践发生了巨大变化，课堂教学改革成效显著。

（一）现代教学意识逐步形成

正如有学者说，我国的新课改带给实践者的是一场思想意识的启蒙，随着课堂教学改革的推进，人们的教学意识和观念得到了明显的优化提升。首先，二元对立的思维模式得到了改变。知识与能力、间接经验与直接经验等在教学中的关系由对立走向了统一；只关注教学中的概念、推理、逻辑等理性思维与只关注教学中的活动、体验、感悟等形象思维的片面认识得到了优化；只重视知识的系统性和授受性而忽视师生探究生成的观念得以修正。其次，形成了学生主体的全面发展观念。由传统的注重"双基"的偏智力教学观转向"加强基础，发展智力，培养非智力因素"的整体发展观念，注重学生的整体素养和可持续发展，强调人的生命意义与价值的实现，学生的主体性越来越得以凸显。最后，教师的自觉意识明显增强。一线教师积极主动地通过理论学习、考察交流、多元教研等渠道深入研究和改革课堂教学实践，涌现出诸多富有成效的课堂教学改革模式与经验成果，有效地推动了基础教育的发展。

（二）课堂教学活力不断增强

在基础教育课程改革背景下实施的课堂教学改革，视野更加开阔，体系更加完整，师生的主体性得到更好发挥，课堂教学更具活力。传统课堂中经常存在体罚、辱骂学生的现象，学生害怕教师、畏惧课堂的问题非常普遍，教师权威的过度彰显挤压了学生自由表达的空间，专制型师生关系的存在抑制了学生的个性，课堂教学氛围往往压抑、沉闷。新课堂教学改革实施以来，教师的教育教学观念发生了转变，爱、希望、信任、责任感、自由、民主等观念弥漫于课堂教学中，传授式教学统领课堂的局面被逐渐打破，自主、合作、对话、探究等教学方式被广泛应用于课堂教学中，师生关系变得和谐、融洽，课堂教学氛围发生了质变，机械、单调、乏味的传统课堂正被教师乐教、学生乐学的新课堂所取代，当下的课堂正显现出丰富的活力。

（三）学生的主体性发展得到重视

近年来的课堂教学改革举措有效地激活了学生的潜能，促进了学生的发展。首先，学生由学习的客体变为学习的主体。随着新课改的推进以及现代化教学媒体的更新，学生不再是被动接受与存储知识的容器，而是主动探索、乐于思考的学习的主人，学生的主体意识得到了提升，主体价值得到了彰显。其次，学生的自主学习能力得到了增强。课堂上，学生不仅能够在教师的引导下学到知识，还能够动手实践和操作，提高了自主探究能力；合作学习、分组讨论等活动培养了学生的表达能力与合作意识；通过开展各种自主实践活动，学生增强了自主意识和实践创新能力；教师通过创设各种问题情境，引导学生提出问题、分析问题和自主解决问题，提升了学生的思维能力与解决问题能力。最后，学生的个性化发展更加鲜明。当下的课堂教学不仅注重学生整体性的发展，还十分关注学生的个性化塑造。课堂中，针对性教学、差异化教学、分层教学的广泛实施对于释放学生的个性，培养学生的兴趣和动机，满足学生的差异化需求，促进学生的独特性发展，发挥了重要作用。

（四）教师的教学行为明显优化

与传统课堂教学中教师固守经验、单兵作战、控制课堂的主要特点相比，当下课堂教学中的教师行为已经发生了明显转变。从师生关系来看，教师的教学行为由控制型向民主型转变。在"师道尊严""学高为师"古训的影响下，教师凭借丰富的知识积累，成为师生关系的上位者和课堂教学的主宰者，教学目的的制定、教学内容的选择、教学方式的确定等教学环节基本由教师掌控。而自新课改以来，课堂教学中教师的教学行为逐渐从控制型转向了民主型，课堂教学不再是教师一言堂，而是与学生平等交流、共同协商、教学相长的过程。从教师与教师的关系来看，教师的教学行为由单边作战向合作型转变。传统课堂教学中，受"专业个人主义"认识和功利主义思维的影响，不仅不同学科的教师之间存在封闭、孤立的教学工作状态，即使同一学科的教师也同样存在大量的"单干户"。随着新课改理念的不断深入，教师之间逐渐趋向于协同合作。从教师自身的角度看，教师的教学行为由守成型向创新型转变。受传统教学文化的影响，教师普遍缺少疑问、缺少反思，从"服从权威、听从指令"的文化传统中建构出来的"教学习性"使教师的日常教学更加趋向于稳定守成而不是自觉变革。教师的这种固守现状、拒绝变革的认识使课堂教学陷入了一种只需执行既定的教学程序的怪圈，弱化了教学实效。随着本次课堂教学改革的不断推进，教师的主体意识和专业能力普遍提升，教师的教学关注点正由"重教"向"重学"转变，教学方式由"唯传授式"向多元化教学方式转变，教学目的由培养智力型人才向培养全面发展型人才转变，教师守成型的教学行为正在被创新型行为所替代。

第三节　指向核心素养的课程整合发展

课程整合（又指课程统整和综合课程）是课程设计的理论，是通过教育工作者共同合作而认定的重大问题或议题为核心来组织课程，以便促成个人、知识与社会之间的统整。它是使分化了的学校课程系统的各要素及其各成分建立了有机联系并形成系统化的过程。自20世纪末以来，新课程改革强化了三级课程管理模式，国家课程、地方课程和校本课程都不同程度地受到重视并得以发展，同时这也对课程改革提出了挑战，比如因国家课程、学校课程和校本课程无法兼顾而引发的学校课程混乱和低效问题。因此，课程整合再次成为高频词和学界关注的热点。

当下世界各国都在开展基于核心素养的课程改革运动，如何将核心素养整合到课程中，使改革目标顺利实现，进行基于核心素养的课程整合成为历史的必然。可以看出，课程整合历经兴起、发展、式微、复兴等阶段，进而成为课程研究与实践领域的一个新的重要议题。

一、核心素养时代课程整合新内涵

（一）指向核心素养课程整合的再概念化

素养时代的课程整合，不再仅仅是矫正课程过度分化、课程与生活割裂的良方，而且超越作为课程组织方式的狭隘视域，展现对整合的系统思考与设计，成为一种国际课程改革的潮流和重要取向。如美国、英国、澳大利亚、芬兰、新加坡、韩国、中国台湾等国家和地区都力图通过课程体系重构实现课程整合的价值追求，从而更好地实现人才培养目标。

芬兰作为国际公认的基础教育发达国家，在2016年颁布的新课程改革的总体框架中，特别重视跨学科能力的培养，包括：思考、学习；文化素养、互动与表达；自我照料与日常生活管理能力；多元识读素养；信息通讯素养；创业素养与职场所需的能力；社会参与、责任与影响力等，并开展学科融合式课程探索，通过整合实现学生跨学科甚至跨学段的深度融合。尤其是新课改的主导思想——现象教学引起了全球瞩目。这种教法不再围绕学科逻辑、学科概念、学科体系进行教学，而是基于生活、基于现象、基于话题等进行教学，注重融合多个学科知识，培养学生综合素养和解决实际问题的能力。芬兰课程整合的开发和设计，为我国以"立德树人"为导向的中小学的课程变革提供了借鉴价值。我国课程整合主要表现在以下方面：

第一，国家课程方案是根据决议目的和培养目标制定的有关教育和教学工作的指导性文件。新修订课程方案以培养核心素养为指向，强化核心素养育人目标体系，并从三个维度强化课程的整合。一是将原有学科整合为相应的学习领域（目前是7大学习领域），有条件的学校可以构建学科群，以加强学科之间的横向联结；二是在不同学习领域内根据学科性质在改造传统学科基础上，推出新的综合性课程，如科学、历史与社会、体育与健康、艺术等；三是设置综合实践活动课程，强化研究性学习和挑战性课程，给予学生综合性实践机会，使他们的学习和生活有机联系起来。

第二，从学校课程方案的整体规划出发，秉持整体育人理念，渗透"三全育人"思路。对整合性科目究竟落实哪些核心素养进行整体设计和布局，明晰核心素养在各整合性科目上的分布，明确不同学段核心素养培养进阶与层次要求，然后基于素养分布，经过研究论证，探究各学科凝练的学科核心素养的差异，围绕整合性学科的性质和目标、内容主题、实施方式和评价方式展开整体设计，重视和集中体现学科育人的价值。特别是以素养作为具体的学习内涵，运用相同的概念、共同的主题，构建互补的关系、阶段性过程等方式，促进不同的核心素养在同一水平上进行整合，结成有组织结构和意义的学习单元，提炼学科学业质量标准，确保核心素养落地。同时，建立核心素养和学校课程框架的实质性的联系，开展大单元教学、重大主题（课题）教学，借助多途径推动学生进行跨学科学习、项目学习、探究学习等，以便融合各项有价值的议题，落实课程的整合实施。

第三，课程整合的实施主要以课堂为阵地，以各类综合学习设计为抓手，以教师间实施的协同教学活动为保障，具体涉及学习的情境营造、协同合作、支架提供、任务设计、疑难解答、成果展示和体验反思等活动的设计与开展。通过教学整合改变分科主义、课时主义和以知识点为中心的传统教学弊端，转变师生角色，推动课堂全面转型，从而促进学生核心素养发展。

鉴于课程整合的复杂性，课程整合可以从上述三个层面的任一层面展开，也可以加以整合实施，但无论哪一层面的整合，都必须站在整体育人的高度，关注培养目标，强化课程的横向连贯和纵向衔接，构建相互关联、相互依存、互为基础的课程体系，发挥课程体系的整体效应。

（二）课程整合的创新发展

课程整合实际是中小学所进行的一种基于课程的"校本化改良"，针对传统的学校课程分科过早、科目过多、内容割裂等弊端，课程整合几乎是所有中小学探索教学改革的重点领域。但是当前课程整合又走向另一个极端，例如盲目跟风、课程开发人员乱、管理乱等。这些课程整合乱象已经严重影响课程整合的成效，而且鉴于核心素养整体性要求，新的整合诉求日趋明显，必须强化课程整合在价值取向、组织原则和实施逻辑等方面的全面创新。

1. 通过课程整合的概念重构强化人格统整

这就要求教师必须从学科中心的课程观向学生中心的课程观迁移，使其对课程整合的价值提升到人格塑造层面。尽管传统的课程整合克服了分科课程割裂知识联系的弊端，尽量兼顾知识的整体性、迁移性和情境性，但课程整合依然是以学科内容为取向的，并未触及培养人的核心问题，甚至忽略学生的全面发展。由于素养作为一种整体概念，涵盖知识、能力和态度，凸显着全程育人、全学段育人、全学科育人以及培育整体的人这一价值取向，素养时代的课程整合作为一种全新的课程理念，要求发挥其整体的育人功能，促进学校课程与社会生活的整合，增强学生全面整体人格的发展。为此，打破知识、经验和社会"箱格化"的分离状态，成为课程整合的基本要求，秉持综合价值取向，通过学生的跨学科探究、项目式学习和批判性思维激活学科知识以及提升知识的创生性，并将其与现实生活世界和个体经验联系起来，谋求学科知识的主体意义、现实需求和社会价值有机整合，避免去情境化的知识主宰和异化学生心灵。除了重新汇聚教育情境乃至整个社会情境中分离的要素，修复和完善现有课程体系以便形成整体的课程外，素养时代的课程整合还要求增进课程理解，促进实施活动在时间上的连续性和空间上的整体性。

2. 通过多种方式促进横向联结和纵向衔接

核心素养涉及层面很广泛，因此必须改变传统课程整合仅注重课程内容的横向联结，要促进学科之间、跨学科之间以及学科与学生生活之间的统整。核心素养培养存在长期性和复杂性，不同学段究竟培养哪些核心素养以及如何有效衔接，考验着课程研究者和一线教师的智慧。课程内容和主题的选择如何做到循序渐进并成螺旋上升趋势，也是课程整合必须加以解决的重要课题。课程整合实践在坚持不同学段、不同学习领域课程水平统整的同时，有必要进行核心素养分解和层级化，注重课程目标开发和整体设计，通过课程政策、课程标准，明确界定核心素养的架构，做好不同教育阶段的课程整合和统筹设计，研究如何向下扎根和向上衔接，以实现各学段课程整合的垂直连贯，以便对接学生发展核心素养的不同层次。

随着课程整合研究和实践的深入，小学、初中、高中乃至大学课程整合的衔接设计或一体化设计必将被纳入研究议程。借鉴欧盟等国家的做法，将核心素养作为教育目的，转化为不同年龄段获得核心素养，垂直连贯幼儿园课程、小学课程、初中课程、高中课程等不同学段课程内容。

3. 通过开展跨学科学习强化课程的跨领域实施

核心素养的重要特征在于其"后天可干预性"和"情境性"，因而学生围绕核心素养的学习不是被动、机械地习得现成的知识与技能，而是在多种社会性情境中的反省性实践。因此，在素养时代，课程整合不再局限于对课程分化的纠偏，也不再纠缠于学科和跨学科的区别，而要秉持多元化统整理念，将课程整合视作课程开发方式，同时强调整合策略和方式的多样化。跨学科学习有助于学生核心素养发展，学科教学也可以采取跨学科学习的方式实施，以一种融综合性与探究性为一体的深度学习方式，提高学生解决真实问题的能力，促进学生将知识应用于社会生活。

由于个体素养的发展是寓于情境之中的，无论是学科课程还是跨学科课程，都需要超越传统的知识整合的视野，减少工具理性的影响，利用技术手段强化协调知识与情境之间的关系。所谓的情境就是指学生学习的各种场合,既包括个人生活情境,又包括学生所处的社会情境和未来的职业情境。它是课程整合助力于跨学科学习,并将知识学习与多样化的情境相联结的重要条件,从而通过凸显跨越个人领域、社会领域和职业领域的特征,借助于综合设计生成学生的跨领域情境体验,从而促进他们对知识、技能、态度等的深度理解和广泛迁移。课程整合通过跨领域实施,把知、情、行、思、信等要素相融合,构建"五位一体"的教学模式,达成情境体验与知识深度理解之间的平衡与整合,达到重构学生素养的目的。

二、课程整合的效能

(一)课程整合的理论纷争

课程整合源于知识观的改变。传统的课程设计大多以学科知识为中心,是因为工业化时代的社会分工要求知识的分化和专业化发展,那么以学科知识为主要对象的教学自然而然地与时代相对应。但随着知识分化,学科不断增加,学生的学习压力陡增,而学习意愿却在不断下降,学科本位主义严重阻碍了学生的综合能力的发展。

知识是课程的主要内涵,是价值选择问题,也涉及权力分配和相应的结构。目前知识的演进已呈现阶层化现象,只是传统的课程改革不愿意触碰这一敏感话题,课程整合与分化多关注技术理性。知识社会学研究就指出知识的分类、分配和传递与社会中的权力结构和分配直接相关。英国课程专家伯恩斯坦(Bernstein)将课程分为两类:集合型(collective)和整合型(integrated)。这种分类又与教师权威强化程度密切相关。传统社会知识分配相对集中化,知识的结构则倾向于分化而独立。在当今民主开放时代,知识的分配走向世俗化与多元化,知识的结构呈现整合取向,学科边界也不是那么分明。若以学习领域边界划分强弱程度,集合型课程领域知识边界划分比较清楚,而整合课程领域知识边界划分比较弱。

20世纪末互联网问世以来,信息媒介的扩大化使得知识的传递和流通更加便捷。在大数据时代,随着学习分析和数据挖掘技术在教育中的广泛应用,知识的性质也随之发生变化,由过去的垂直性、阶层性走向平行连接和流通,知识本身的确定性在弱化,不确定性在增强,从封闭保守的势态走向开放共享。作为权力支撑的知识逐渐打破了垄断，走向去中心化，在此基础上课程整合在知识横向流通和纵向链接方面远远超过分科课程，这就为课程整合提供了合法性基础，"知识分享"和"知识联结"是大势所趋。

在智能时代，随着新信息技术嵌入教育和学习领域，教师权威角色在弱化，学生在"分享"理念支持下，借助现代化信息技术由知识的消费者转变成知识的生产者。而课程整合更有利于打破知识垄断，赋权于学生。这种课程形态正迎合了民主化进程，是时代发展的需要。

课程整合这一话题目前之所以受到重视，很大程度上是教育初衷决定的。教育者希望将课程整合建构成一种教育理念，甚至是一种社会运动，将国家教育改革和社会对课程改革的殷切期望转化为动力，唤醒全民教育意识，改变偏向分科课程的制度，满足社会对综合素养人才的需求，打造国家和个体新未来。事实上，虽然现代社会的主流是分化，但社会乃至教育在分化发展过程中的整合要素只是被压抑，并没有消失。主要体现在以下几方面：

首先，分科课程过分强调分化，成为知识选择性的代表，忽略教育的目的，将学习知识作为教育的目的，强化工具和效率意识，而不重视学习知识的主体——学习者。将知识视为存在于不同分科课程中的事实、原理，而忽略其应该作为工具，必须应用到真实生活中，那些存在争议和发展中的知识往往不被重视。但随着知识爆炸式增长以及社会飞速发展，课堂教学已经无法在有限的时间内穷尽知识，而且随着知识更新，大量知识因陈旧而逐渐被淘汰，对学生学习毫无意义。而要将这些新问题和相应知识融入传统的课程结构中很难。在课程改革过程中，各领域学科专家和分科课程的支持者为了避免科目被删除或合并，从而造成所属团体利益及其价值的失落，尽力保持原有科目的完整。为了学习新知识以便解决生活中的真实问题，课程改革者不得不以"外加"方式另设新科目。这种以外加方式"挂"上去，自然会增加课程负担，甚至扭曲新的课程改革理念。

其次，分科课程及其表征的学科知识往往是客观化的、去情境的，是学术人群因其自身旨趣和目的所切割的领域，当出现在课程中时，往往将纷繁芜杂的生活限定在狭隘定义的领域中。这种狭隘的生活只是一种版本，或者是一种生活标准，贬低了学术人群之外的真实生活需求。而且这种课程所储存的"美好生活"反映了学术人群充满偏私和狭隘，所强化的知识或生活往往只是一种特殊的知识，而且在分科课程中被普遍化、正常化，而其他人的文化就被排除在课程之外。课程整合就是要解决这一问题。

"科目中心课程之所以支配着多数学校教育，整合课程之所以局限在少数学校，其主要原因之一在于学校教育的成果极力生产出具有高身份地位的知识。"长久以来，在学校课程的"分类和选择"系统中，分科课程及其选择的内容在学生的生活中扮演着重要角色。虽然仅靠课程整合不一定能解决这些问题，但使用生活中范围更广的内容，结合学生的生活经验和文化，可以培养学生核心素养，提高生活品质。

再次，缺乏整合的分科课程所提炼和开发的知识体系往往是碎片化的、独立的、远离生活的，一些缺乏一致性和真实性的知识和技能不利于解决现实生活中可能遇到的困惑，撕裂学生的生活和知识的完整性，也不利于学生综合品质的培养。在分科课程中师生被规定去完成他人的"课程"，他们所扮演的角色是课程接收者和实施者，原本的知识精英被剥夺了课程设计和开发权，学生的课程选择权力也被剥夺，师生成为课程开发的局外人。这样会降低课程建设的积极性，甚至造成师资流失和学生创造性的泯灭。而课程整合则试图维系学生对生活的全面理解，通过师生共创的课堂教学实现素质的提升。

课程整合具有以下优点：

1. 增进学生有意义学习，提高活用知识能力

诚如比恩所说，课程整合旨在增进学生真正了解自己及其世界，善用知识解决问题，以便培养学生整合知识、批判思考、社会行动的能力和素养。因此，课程整合的首要价值在于让学生进行有意义的深度学习，以建构主义为课程开发和设计的理论基础，对割裂的、碎片化的知识进行整合，强调学生真实的生活体验，建立知识与生活的联结，引导学生自主建构知识，形成有生命力的、个性化的"活化"知识，增进学生自主学习和活用知识的能力。

2. 促进大脑的协调运作和创造性思维的发生

脑科学的研究已经证实：学习因挑战而提升其效果；情绪是统整学习的关键因素；大脑同时处理部分与整体信息；信息处理是一个全身心的活动。这些研究结论足以支持课程整合。毕竟大脑的学习是以模块方式进行的，课程整合有助于创造模块和联结，将知识与生活联结起来，促进知识的迁移以及左右脑的协同学习，缩小因人的大脑分工对学习形成的阻隔。另外，在当前素质教育大背景下，创新思维和能力的培养是改革的重点，为此，必须改变过去"灌输"式教育模式，将课程整合起来，激发学生的多种感官，促进学生运用自己的优势智能开展学习，激活左右脑，从而促进学生高阶思维和创新能力的发展。

3. 激发责任感，促进合作学习的开展

分科课程的学科教师分工明确且各自为战，学校科层管理机制使得师生之间、部门之间缺乏必要沟通，直接影响学校的整体育人效果。长此以往，教师之间和学生之间缺乏合作意识，学科和部门教师之间责任感下降，大家都在各自领域和职责范围内从事教学和管理，形成孤军奋战，也造成教师的知识视野狭窄，学生的整体发展无人问津。课程整合有助于教师打破学科藩篱，在合作开发和设计课程过程中领略其他学科"风景"，增加合作意识，大大增加交流机会，实现课程创生，提高学生合作学习意识和能力，开拓专业视野，强化综合学习和终身学习。

（二）课程整合的时代因应

21世纪是高科技迅猛发展的时代，全球经济一体化奔涌而来，一方面科技的发展极大地促进社会进步，另一方面也因此带来全球性的新问题，如环境污染等，人们被迫在科技日新月异和传统文化之间寻找平衡。人类面临民族文化和世界文化的冲突、人文精神和科学精神以及价值和理性的对抗。当前随着信息化2.0时代的到来，以大数据、互联网+、新一代人工智能为代表的新技术对教育产生了深刻影响。最重要的影响是知识的容量呈几何指数增长，传播速度之快前所未有。同时与信息时代伴随的全球一体化，尤其是人工智能的发展对人们现有的价值观念、生活和工作方式、教育观念产生巨大冲击，对人才结构和相应素养提出了全新的要求：未来社会需要的人才应该具有批判性思维、开阔的视野、对各类知识的系统掌握及互联互通能力。另外，具有科技和人文素养相融合的完整人格以及终身学习意识和创新实践能力显得格外重要。

为了应对新技术对人类生产生活带来的挑战，世界各国和国际组织都在对教育教学实施深度变革。而课程改革作为教育改革核心备受关注。在世界各国开展的形形色色的课程改革中，课程整合是根本性问题之一。佐藤正夫曾指出："现代课程改革运动就是围绕课程整合问题展开的。"因为课程整合作为课程分化对应的形式和重要的课程改革理念，使分化了学校教学系统的各个要素及相应的成分有机联系起来，形成整体过程，从而打破学科本位主义的界限，重组并赋予各个课程要素新内涵，以学生真实世界中对个人和社会都具有意义的问题和主题为整合线索，安排与相应知识有关的内容和活动，将预设和生成有机结合起来，鼓励学生主动开展探究、合作和自主学习，将课程知识和经验整合到生活意义架构中，培养发现和解决问题的能力，达成课程开发、知识、社会和生活的全面跨界

整合。

当前，世界各国对课程整合的重视与新信息技术对教育尤其是课程的嵌入和影响关系密切。未来的"科技+教育"不是简单地将新信息技术应用在课程某个环节上，而是将其内化于课程过程的各个方面，用信息技术发展来引领教育变革，实现教育现代化。在教育信息化1.0时代，课程开发和设置注重的是课程开发单位与有关体系内部的连接，但为了更好地满足社会对人才新的要求，信息化2.0时代将从课程体系内部"小连接"走向教育与其他各领域的"大连接"，教育边界将更为模糊。

新信息技术与课程的整合是我国当前基础教育改革的一个重要途径，它使课程改革有了新的可能和支撑。因为信息化技术与学科教学有着密切的联系和继承性，同时又具有相对独立性特点。就课程而言，MOOCS、SPOCS等共享性和开放性课程不仅促进教育机会公平，还有助于提高教育质量。就教学而言，翻转课堂等强化了教学形式和内容的革新。就学习形式而言，新技术使得泛在学习、移动学习成为现实，增加了学习机会，强化了信息的便捷性。

新一代人工智能在课程中渗透，革新了传统课程仅关照碎片化知识的教育目的观，使关系思维和整体性知识以及核心素养的培养成为教育的核心追求。信息技术对课程整合的促进作用，不是把信息技术仅仅作为辅助教或辅助学的工具，而是强调要把信息技术作为促进学生自主学习的认知工具和情感激励工具。

第四节 学科核心素养与学科教学创新

2014年，教育部印发的《关于全面深化课程改革，落实立德树人根本任务的意见》要求"研究制定学生发展核心素养体系和学业质量标准"。此后，研究核心素养成为学界的一大热点，核心素养也成为深化课程改革和教学改革的轴心与基石。

一、核心素养的确立

"核心素养"的研究肇始于国外20世纪90年代的经合组织（OECD）和欧盟理事会启动的"素养的界定与遴选：理论和概念基础"的研究项目，并于2003年在研究报告《核心素养促进成功的生活和健全的社会》中首次使用。2005年，OECD发表了《核心素养的界定与遴选：行动纲要》，企图将核心素养应用于教育实践。随后，美国、英国、芬兰、澳大利亚等发达国家或地区纷纷开展基于核心素养的培养目标体系研究。2014年3月，教育部（教基二〔2014〕4号）下发的《关于全面深化课程改革落实立德树人根本任务的意见》中指出，"将组织研究提出各学段学生发展核心素养体系，明确学生应具备的适应终身发展和社会发展需要的必备品格和关键能力"。2016年2月，中国教育学会发布了《中国学生发展核心素养（征求意见稿）》，提出了9大核心素养框架，9月，《中国学生发展核心素养》总体框架正式出炉。以"培养全面发展的人"为核心的中国学生发展核心素养主要包括3个方面、6大素养、18个基本点。3个方面是文化基础、自主发展、社会参与；六个素养人文底蕴、科学精神、学会学习、健康生活、责任担当、实践创新等综合表现。

核心素养时代的基础教育要彻底荡涤应试教学的淤泥与浊水，要从目标人本化、课程综合化、学习问题化和评价发展化等进行变革，其培养过程并非一蹴而就的，从具体课程上来说，必须把社会主义核心素养的要义和具体课程结构、特点加以搭配和融合，以期适应学生全面和谐发展，实现教育强国的目标。

二、学生核心素养与学科核心素养的关系

核心素养是最基本、最关键、最重要的素养。国内学者对核心素养的指称主要包括学生核心素养和学科核心素养两大类。学生的核心素养是学生应该具备的，能够适应终身发展和社会发展需要的必备品格和关键能力，重点强调学生未来发展需要的能力与品格，其核心是要培养全面发展的人。学科核心素养是核心素养的一个重要切入点，是一门学科中最基本、最重要的素养。它以学生核心素养为逻辑前提，不同学科在学生核心素养的养成过程中的具有特定作用。一门学科的素养基本上由学科知识、学科能力、学科方法、学科思维、学科情感等部分组成，学科核心素养是该学科最基本思维品质和关键能力，包括该学科最朴素的价值观念，最基础的概念、公式、定理、最基本的能力、思维、观念、素质等。因此，不同学科的核心素养也有不同的表现。那么，学生核心素养和学科核心素养之间是什么关系呢？从逻辑关系上说，任何素养都是人的素养，因此，学生核心素养应该是一个上位概念，包含学科核心素养；学科核心素养从本质上讲应该是学生核心素养在不同学科教学过程中所形成的素养，是以学生的核心素养为逻辑前提的。此外，二者是相互依存的关系。学生核心素养的养成离不开学科核心素养，学生核心素养的养成需要跨学科进行，任何人的核心素养都不可能只通过一门学科就能够养成。

三、基于核心素养的学科教学创新

(一) 新时期课程改革思路

我国学校课程变革经过了三个不同的阶段,形成三个层次。第一阶段,学校以各学科门类为基础,教师们开展了一堂又一堂的校本课程,并逐年地按照要求增减,以实现"点状"特色和层次的教学转变。第二阶段,学校将根据自己的某一特定的办学特点以及实际工作需要,开展适当的教学项目群,以满足特色的凸显和重塑。这种教学改革,体现的是学校围绕办学特点的"线性"教学设计与发展水平。第三阶段,我们有了对前面"点""线"的探索与经验积累,逐渐由"点""线"连成"网"状,形成"巢"体,学校课程建设以多维互动、有逻辑性的体系为标准,逐步将课堂、教育、评价、管理和教师成长等一体化阶段。学校课程的变革是一个不断探索的过程,是在过程中逐渐建立起来的清晰的逻辑架构,所以往往会出现层次交错的状况。目前,碎片化"点状"和大杂烩的"点线缠绕"式学校课程变革普遍存在,具体表现为:

第一,不接地气,与实际相脱节。因为没有切实的学校课程情境和实际情况的诊断与分析,往往一味借鉴与仿效,使得课程呈现出"空降式"开发,没有当地文化意识,没有本土气息,不关注学校和孩子的发展学习需求,只是为了课程而课程。

第二,课程目标与学校育人目标不能有效整合。课程开发者对课程作用和意义并不能清晰、准确地把握与理解,课程设计的理念、执行和评估之间缺乏联系,教育与教学无法进行有机互动的整合。

第三,逻辑性不强。课程开发是一个系统工程,需要有内在结构和逻辑。如果缺乏顶层设计与规划,只是过程简单叠加,容易陷入散珠散点状态,不能形成总体的"体系"意识。

第四,课程呈现杂乱无章。缺乏对学科做出合理划分,任意拼凑的"课程拼盘"及杂乱无序的"学科碎块"根本无法实现教育教学的总体育人效应。

第五,形式固化,没有活力。课程实施方式往往非常单一,缺乏创新,没有根据课程内容及目标,采用多样化的、适合学生特点的方式。

第六,评价难度高,评价指标不明确。课程开发的随意性非常高,设计时若缺乏明确的评价导向,实施的效果也是随意松散的,难以形成课程认证制度的考核方法与体系。

第七，管理松散甚至缺失。国家标准的基础课程具备质量考核的监测手段与评价标准。而学校课程开发大多是些锦上添花的事情，缺乏评价指标，管理上也缺乏动力，可谓是管理的盲区，与基础课程的融合更是弱化。

八、三级课程之间的关联度不高

基本课程、地方课程和校本课程之间缺乏统整。校本课程开发与建设缺乏与基本教学的融合，校本课程的课堂改革也几乎不涉及，许多教师对校本课程的教学改革缺乏深刻认识。

这些问题在中小学校是普遍存在的，课程变革需要直面这些问题，顺应教育立德树人的基本诉求。教育部《关于全面深化课程改革落实立德树人根本任务的意见》也明确指出："中小学教育改革从总体上讲，由于总体计划、协调推进不够，对于立德树人的需求也有一些差异。主要体现在：对课程目标有机衔接不足，对学科教材的系统化、适应性不高；与课程变革相适应的评估机制不匹配；教师教育资源建设与整合缺失，支撑促进课程变革的激励机制不完善。"为了解决上述问题，要求全国中小学在学校课程改革的过程中，建立学生课堂改革的基本架构，创办学校校园特色文化，在课程中有效落实核心素养。

第一，理念革新，确立学生是学校课堂中心、重视学生的学习需求和兴奋点的教育观念。

学校新一轮课堂变革的出发点是以教学为中心。以教学中心就要求找准每个学生的兴奋点，点燃了孩子们的求学热情，解决孩子们的求学需求。学业需求产生学业动机，学业动机诱发求学行为。因此学业需求是影响学生学习质量的关键因素。学生的求学需求呈现不同的层次和范围：第一种是共性的学业需求，即每个孩子都具有的相同的学业需求；第二种是部分群体的学业需求；第三种是个性化的学业需求。中小学生课程结构进一步发展的关键问题就是要通过科学合理的教育方法，确定、发掘、反馈、解决、指导学生的学习要求，从而促进中小学生全面和谐发展。

学习需要的探究是一种系统性的调查探究过程，课程设计需要以一种动态的发展观去剖析、审视、探究学生的学习要求，通过基于学生学习需要探究能够有效解决教学实践中的若干问题，使课程实施真正以学生为本。由于学习需要是有层次和范围的，那么哪些需求是应该满足的；哪些需求是经过引导和挑战才需要满足，符合最近发展区理论的需求；哪些需求是当下立刻需要满足否则会影响接下来的发展；哪些需求可以等到时机成熟再逐步满足，这些都是需要认真揣摩研究的。

杜威提出了教育即生活，学校即社会，教育即经验改组与改造，那么针对不同学生的同一需求或者同一学生的不同需要，学校要考虑的是：人类千百年来总结的生活经验如此丰富，什么样的经验都能够进入课堂？什么样的经验符合孩子们学习需要的特性呢？实际上，人类的经验需要符合以下要求方可进入课堂：其一，能够真正促进学生成熟与发展的经验；第二，具备持续性的经验。持续性的教学经验，经过精心设计之后能够反映教学的逻辑架构与心理构造的有机统一，符合学生对学习的需求，并聚焦于孩子们的心理生长点，将这样的经验运用到课堂教学实践中，既符合学生的认知特点，也契合学生的认知需求，有利于学习行为的习得。

第二，课程建设形成富有本校特色的个性化的课程体系。

学生未来的发展能否走得更远，能否走向更为丰富的世界，拥有更丰富的人生体验，人性更为丰满，一定程度上有赖于小时候的见识，这个见识很大程度上来源于课堂。内容丰富的课堂，符合学生注意力集中时间短、喜欢猎奇等心理发育特征，它比简单的课堂显然更有助于孩子们人格丰满。有人说课堂上如果只有一本书，小朋友们最终只会变成书呆子；课堂上如果是整个世界，那么在未来全球竞争的格局中孩子们便能够成为驾驭世界的舵手，教育强国目标的实现取决于今天的年轻一代所接受的教育。因此，我们亟须革新今日的课堂，让课堂成为具有无穷延展性的，能够符合生活需要、连接社会活动、连接管理及其所有可能性因素的课堂。

建立符合每个学生特点的可塑性非常强课程体系。在横向上，将小学教育根据一定的逻辑做出科学合理的划分；在纵向上，将小学教育根据年龄分成各个层次，建立一个适合各种年龄阶段儿童的教学阶梯。横向上对学科领域的逻辑划分，能够符合孩子们对自然界中各种奥秘现象的掌握，从而建立较为全面的概念；纵向上的先后层次，则符合各个年龄段和接受能力的儿童由简及繁、从已知到未知、从具体化到抽象的认知步骤，从而遵循在知识上的总体连贯的基本规律。严密的课程体系可以让每一个教师都了解自己的定位，也让每位家长都更清晰地了解孩子们在学校中将学习什么经验，未来将产生什么变化，明白未来的发展程度与发展方向。

第三，课程实践中强调体验参与式的课程。

真正的学习，应该是"具身"的，是别人无法代替的，只有根据个人亲身的经验与感受的学习才富有意义。课堂从根本上讲是一种体验，包括让学生在实践活动中亲身经历某件事或者获取知识，学生通过在课堂上感受各种知识经验，并将其转化为自己的体验，完成"细微的变化"，即从间接经验到直接经验的转化。"具身"式学习的课堂突出孩子们的主要地位，激发学生们在课堂上学习热情。课堂也需要从孩子们的视角出发进行设计，以孩子们最感兴趣的方法执行、评估及管理课堂，身处这样的课堂教学中，如同身处生活场景一样，学生们会对知识有一种天然的亲切感。

研究证明"具身的科学知识比离身的科学知识更有威力，可以勾连起想象力的科学知识比无想象力的科学知识更有威力，有繁衍力的科学知识比无繁衍力的科学知识更有威力，成系统的科学知识比碎片化的科学知识更有威力，被利用的科学知识比尚未受到利用的科学知识更有威力"。以学习者为中心的课堂实践，教学方法并不仅仅是概念化的"自主、合作、探究"，或者是固化的几种常见的"自主、合作、探究"形式，而是但凡在我们生活世界里精彩纷呈的、活泼异常的做事方法，都可以作为课堂实践的方式，包括了行走教学、指尖教学、群聊学习、圆桌教学、众筹学习、搜索教学、聚焦教学、触点教学等，不一而足。实践、对话、沉浸、互动、参与、体验，但凡可以让儿童和自我、和别人、和周围产生联系的方法，都是在课堂实施中可选择的极其重要的教育方式。

第四，课程建设强调关联、整合、跨界。

课程建设要突破传统课程间的壁垒与固定边界，寻找教学要素间的内在联系，要让教学过程返回到人类生命中的最初情景；课程内容要有所突破，要重视知识的应用而不是知识传授，重视教学内容的广度甚于深度，要打破课程内容的边界，做到学生的学习没有边界，教师的教学也没有边界，真正体现杜威的"教育即生活"理念。因此以关联、整合、跨界为基本特征的课程要以课程的独特性为前提对教学内容进行多维、多向的关联与衔接。在整合的基础上，进一步强化了不同课程之间以及课程与个人生活之间的广阔联络，转变学生的学习方法，影响学生的学习习惯，进而超越课程边界，进入到无界限的学习状态。

课程整合的两种典型形式：其一是以课程为圆点和中心，根据课程的内部逻辑实施多维度拓展与延伸；第二种则是以特定资源为主体的聚焦型整合，以学习者的共同兴趣或经历为基础，把社会生活中的活动与学习者等紧密联系以融合而成的课程资源。整合的课程资源形成基于网状的、丰富的知识结构，既顺应了时代趋势和社会需求，又有利于学生创新思维的培养。

突破专业壁垒的"跨界学习"会表现出这样的教育特色：首先，在课程目标的制定方面更加强调知识点的拓展和总结,强调理解运用知识以及研究创新的训练方法;更加强调人与人间的紧密联系,并具有更强烈的生成性,使学生更加富有生命活性,了解生命的基本含义,思维与情感、态度得到较好的发展。其次,课程的内容选取不再局限于系统性的单个学科专业理论知识,转而更注重各学科专业之间紧密联系以及学生本身的生活体验。选择有"具身学习"特征的课程内容,更加重视学习者生命的独特性、整体性,更加重视"实践境遇性"。再次,在师生关系中,是平等共存的相对扁平的关系状态,所有的教学活动师生都共同参与、平等交流,相互影响,实现共同发展。最后,在教学评价上,评价的内容更加丰富。教育结果不仅仅关注知识与技能,也注重教育中的人文因素,关注评价人员和被评价人员的集体活动,评价主客间的共同建构。

强调关联与整合的课程是一幅"微缩景观"图,可以看到完整的浓缩的世界图景,富有统整感,强调多维联结与互动。所以,无论是专业课程的特色化延伸,或是主题教学的多学科聚焦,都应该努力回归到整体的世界图景上来,并尽力把相关性与整合性表达得淋漓尽致,让孩子们真正领略世界的整体结构,而不是盲人摸象的感觉。

第五,在课程管理上,重视校园文化的形成与教学氛围的营造。

课程是一种体系化、条理化、序列化的教学内容,但也是一种文化范式。课程以人类文化遗产的传递为媒介,以培养学生胜任社会生活的创造性能力为旨归。校园文化作为人类文化的重要组成部分,具有可视可感可嗅可触,已经成为学生生活成长不可或缺的元素。因此,在校园文化的创生方面争取做到让每一面墙壁都说话,做到"空间设计即课堂",让具象化的校园场景体现学校整体的价值观念、治学理念、精神面貌以及办学特色,向学生和家长全面呈现学校的人文气质。具体包括各个场馆课堂化,教室空间资源化、宜学化,让每一个课堂都绽放出人文情愫;图书廊馆功能化、人性化,让沉睡的设备设施得到重新苏醒;餐厅空间设计温馨化、交流化,让吵嚷的空气中浸润素养;楼道空间设计的活泼化、艺术化,让每个转角都能邂逅真善美,让校园的每个物理空间都能绽放出教育力量,让物理设备、课程资源、科技环境、情感支撑、人文营造等在有限的学校空间中获得"无限"突破,形成学科纵深发展的生活空间设计。

教育是为了孩子的成长、尊重孩子,尊重教育,把孩子当成孩子,而不是重视教育为了生存的功利性价值。为了学生们的身心健康发展,要精心准备课程,设计有仪式化的主题。心理学家荣格教授曾说"健康的身心需要适当的仪式感",《小王子》提到"仪式感就是使某一天与其他日子不同,使某一时刻与其他时刻不同"。有仪式化的主题活动要求学校要精心准备、周密策划，发挥全体师生甚至家长的智力和才能，开展富有文艺、美感、趣味等元素的主题活动日，让孩子们在浓郁的课程文化浸染中体验，让教育是成为孩子生活的一部分。

第六，坚持"教育即解放"。

每一位儿童对人生的理解都不相同，课堂正是要尊重每一位儿童的人生经历、重视儿童的选择与感受。众所周知，教师的知识再渊博，如果不能转化为学生的学习成效，终究体现不了教育的价值，也就是说教育应该体现的是一颗心点亮另一颗心，一个灵魂去触动另一个灵魂，而不是喋喋不休地说教或者填鸭式的灌输。因此，教学要根据儿童的不同实际，设计符合他自身的特色的人生场景，展现自己的人生气象，使教学真实回归儿童，关注孩子的成长和发展。同时，教育就是要解放儿童的天性，要相信儿童天生具有求知的欲望，教师只需要用风趣的语言、渊博的知识、适合的方式、崇高的人格魅力等去引导、其启发其天性，学生自然有开花绽放的那一天。

（二）基于核心素养的学科教育革新

1. 意识领先

在一定程度上，知识本位课程可以在较短的时段内采用课堂教学的方法让学生高效地掌握大量的知识，而且对课程情境的需求相对较低，这是知识本位课程的一大优点，但其缺点也是显而易见的。首先，对知识的学科划分和箱格化管理，破坏了知识点间的内在联系，降低了知识点的教育功效；其次，知识仅仅作为客体呈现出来，缺乏与学生主体的互动连接。在应瞬息万变、复杂多样的信息化社会，学习者需要习得善于观察、分析与解决实际问题的技能，才能以不变应万变地应对错综复杂的社会关系与变化。学科核心素养确立使学生具备未来社会所需的、适应社会发展的各种知识、技能与素养，那么核心素养的培养就要求整体推进教学改革，教师们要在深刻理解当前中国教育的重大课程变革中，坚守立德树人的教学导向，全面贯彻国家提高中国学生的核心素质的顶层理念。教师们如果对核心素养认识够深入，积极探究推进核心素养形成的教学方法，就能够在课堂实施的过程中真正发挥核心素养的功效作用。

2. 教育理念转变

由知识本位向素养本位转变。知识本位教育观重视知识在教学中的核心地位与导向价值，一般按照知识的性质、范畴等加以划分，分科教学是知识本位教学的现实呈现，只是以课程化的教育形态加以系统的体现而已。其缺陷是知识这一客体并未和学生主体的意识、情感、品格等方面形成有机联系，只是以短时存储的形式存在于学生的头脑中，随着时间推移，会逐渐被人遗忘，其价值也会不断弱化。此外，由于学习者为整体的、全面的、个性化的人，而箱格式的课程和教材通常把学习者形塑为"单向度的人"，缺乏"综合型智能"使人难以应对各种错综复杂的情境。

以素养为本位的教育融合了所有课程共同培育学生的核心素养，因此必须打破传统分科解构的思路，重视所有课程融合的思路、不然很极易造成各学科之间抛开整体的核心素质架构，各搞各的课程核心素质，进而将学生核心素质拆解为一个个与课程特定内涵直接相关的零碎部分。这就要求各门课程间的界线应该是柔性的、互通的，否则无异于完全否定了学生核心素质本身，起到不了推动学校全面发展和课程整合的效果。

3. 教学方式转变

教学方式由教师自上而下的授课向平等协作式的探究转变：教学方式存在着三层含义：一从表层视角来看，表现为具体的教学策略与手段，如授课型教学、研究型教学和协作型教学等；二是从中层角度上来说，表现为教育的基本思考方法，如思辨演绎式、实验归纳式、预设式，乃至生成型；三是从更深入角度上来说，则是指教育的本质观点，包括老师观、学员观、认识观、教学观，乃至时间观，等等。

我国教师以前被称为"先生"，他们因先于学生掌握知识而成为知识的权威。受传统儒家尊师重道思想的影响，"一日为师，终身为父"的思想残余让学生被动地听命、服从于教师，挑战"权威"被认为是一种离经叛道的行为，为世人所不齿，而且教师也早已习惯充当权威，缺乏"我爱我师，但更爱真理"的文化土壤使得教师的中心地位撼动起来实属不易。调查发现很多教师普遍适应于课堂主义，但是在"核心能力、学科规范、教学单元产品设计、学业评估"等教育活动环环相扣的基础链环中，教学单元产品设计居于重要战略地位。倘若脱离了"教学单元产品设计"这一环节，课堂教学归根结底只不过是碎片化、零散的"知识点"教学而已，无法体现课堂教学的"三维目标"。

核心素养的培育需要适切的方式。不管是传授知识、拓展思路还是组织活动和互动沟通，教师必须改变原有的教学方法与课堂教学的理念，尤其是在制定与组织课程时要从"以知识点为中心"转化为"以核心能力为主导"的课堂教学。具体来说,从"抽象知识点"转入"具体化情景",并注意要营造教学情景中的真实感。真实世界中的问题情景往往较为复杂多样,但因贴贴近学生实际而富有生活气息,容易为学生所接受,因此教师在课堂教学中要把抽象问题现实化与具体化,要善于创设情境与机会让学生运用所学知识解决实际问题。其次,从"知识中心"转向"能力(素养)中心"。能力提高前提需要个体掌握一定量的知识,然后学生的智慧、道德、价值观才能有一定的提升和转变,而这个过程正是学生核心素质逐渐生成的过程。最后,从"老师管理中心"转为"学生管理中心",促进学生主动学习、合作探究。

4. 评估转变

学生核心素质促进了教学成果导向的教育变革由单一性评估迈向综合性评判。学校核心素质研究不但催生了基础教育评估理念的重大变革,还为基础教育评估内涵与指标体系的确定提出了依据。可以说"关注学生全面发展"的教育质量观为中国基础教育质量评价提出了一个挑战,即教学评估应该是综合性、多维度、立体化的整合评估。

综合型评估是一个循证的教学过程,需要从多种角度收集分析参评数据,然后通过表现性评估、问题性评估、发展性评估、教育性评估和结果性评估等的有机整合,对学生所需的关键素质做出更加全面、真实的评估,从而为学校培养核心素质提供反馈结果和指导依据。目前,多种新型的教育评估手段正逐渐被运用于评估过程之中。一般而言,对学生学业能力与素质的评估大致有两条路径:第一种教育评估手段是采用大规模测验,包括了学生学业成绩测试以及相应的调查问卷,前者主要是根据学习质量要求对学生学业成绩加以考核,而后者则主要是对学生学习兴趣爱好、身心健康状况、情感态度和价值观等相关方面进行评估。另一种是基于生活数据积累的评估,主要分为观察法、表现性评估等方式。传统的测试注重成绩的反馈,而创新意识、审美素质、身心形态与机能、自信心、求知欲等特征难以在传统大规模纸笔测评中表现出来,而通过活动观察、情景测试、学生成长记录袋等测评方式能够更好地掌握与判断。除去上述手段,探寻其他更多有效的质性评估方法,以及合理使用评估成果,也是当前必须研究与探讨的重大问题。

5. 情景创生

由独白型情景向复合型情景转变。要针对学生的身心发展特点,根据课堂教学环境实际,营造温暖、祥和、安静的充满教育性的教学空间氛围。

环境营造主要是:一是营造师生自由交流、有效对话的良好氛围。正如亚里士多德所说,我爱我师,但我更爱真理。在良好的氛围中,允许他们自由争论、敢于质疑,那么学生有了自由思索,有了主动分享和表达自己的观点的机会,对老师的观点敢于提出怀疑,其批判性思维能力和创新能力就能得到发展。二是时间保证。众所周知,直接经验往往比间接经验记忆深刻,因此,在课堂教学过程中,教师必须按照课程目的和内容,合理组织课堂教学过程,有意识地创造问题情景,尤其是注意实际操作类的教学活动设计,要尽可能地保证学生有充足的时间亲自感受,而不是一味地灌输或者死记硬背。

复合型情景是指课堂要还原成日常的生活世界。在课堂教学过程中,要有目的地创造日常生活情景,想方设法调动学习者对自身经验的调取、转化与运用。利用实体、音频等多种手段,透过介绍实验现象和事情,增强学生的感受,包括以画面反映情景、以音乐呈现情景、以表演感受情景、以物品呈现情景。此外还可多走进课外教学场景,让学生体验社区、体验生活、感悟生命,从而培育学生健康主动上升的生存心态、社会生活心理情感、人生观和价值理念。

第四章 基础教育质量综合评价

第一节 基础教育质量综合评价的概述

基础教育是国民教育体系的根基，当前各国越来越重视基础教育质量，纷纷从国家战略的角度出发建立完备的基础教育质量监测与评价体系，作为提高基础教育质量的重要举措。

一、基础教育质量综合评价的意义

提高基础教育质量是当前教育发展的重要任务，教育质量的提升方式与方法多种多样，但是基础教育质量综合评价无疑是一种切实可行的方式。教育质量综合评价改革是一项涉及面广、专业性强的系统工程，开展区域基础教育质量综合评价具有以下五个方面的意义。

（一）区域基础教育质量综合评价是全面推进素质教育的必要途径

教育是涉及千家万户的民生事业，也关系到国家和民族的前途与命运，来不得半点马虎。为了应对应试教育的弊端，素质教育作为中国"智造"的一种新的理念迅速成为教育改革的大浪潮。素质教育的核心就是要解决好培养什么人以及如何培养人的问题，这与基础教育的质量息息相关。我国基础教育经历了从"教育普及"到"教育均衡发展"的发展历程，其教育政策呈现出"机会性普及""提质化实践"及"个性化成全"的政策主题转化。而素质教育体现了马克思主义关于人全面而自由发展的教育观点，要求重视人的潜能，释放学生的天性，鼓励学生创造能力的发展，成全学生的个性化。因而质量提升有助于素质教育的发展。进入新时代以后，我国义务教育高质量发展迫切需要完善义务教育质量评价体系，要求全社会都能够树立正确的教育质量观和科学的评价观，为培养全面发展的人才提供有力的支撑。由此可见，从基础教育改革和发展目标来看,开展教育质量综合评价,是为了确保学生达到国家规定的基本要求,为了促进学生全面发展,深入推进素质教育。

(二) 区域基础教育质量综合评价是推动教育均衡发展的重要保障

全面提高教育质量是推进义务教育均衡发展的重要保障。教育均衡发展的前提是教育公平,是教育资源的分配、教育需求与教育供给要达到有效的均衡。但是我国幅员辽阔,再加上经济、政治、历史、文化等原因,教育发展极为不平衡。从个体来看,受教育者的机会不均等;从学校来看,校与校之间的资源分布不均衡;从社会来看,公共教育资源配置不均衡,表现为区域、城乡、校与校之间差异较大。当前我国义务教育管理体制的突出特征是地方政府负责,分级管理,以县为主,那么义务教育的发展就受县域经济发展水平的影响较大,因此,推动基础教育均衡发展实为义务教育的战略性任务。

(三) 区域基础教育质量综合评价是深化基础课程改革的内在需要

2013年教育部《关于推进中小学教育质量综合评价改革的意见》提出把学生的品德发展水平、学业发展水平、身心发展水平、兴趣特长养成以及学业负担状况等作为学校教育质量评价的重要内容。这就向我们释放了一个明显的信号:学校的升学率和学生的考试成绩不是唯一的评价依据。质量综合评价反馈到课程领域,课程也就必须做出与之相适应的调整。总的来说,基础教育领域课程改革是系统工程,从宏观决策到微观实施都是环环相扣的,不仅包括课程结构、课程内容、课程实施、课程管理等,还涉及考试和评价方式的改革和创新,即改变课程评价过分强调甄别与选拔的功能,发挥评价促进学生发展、教师提高和改进教学实践的作用。同时,教育质量综合评价是以国家课程标准为依据制定质量评价标准的,质量评价与课程标准两者紧密结合。

基础教育课程改革实验进行到现阶段,教育行政部门应着力建立义务教育阶段学校学生质量评价和监控系统,对中小学生学习质量、学校教育质量进行科学评价和有序监控,这不仅是课程改革的内在需要,也是课程改革成效不断凸显的重要标志。

(四) 区域基础教育质量综合评价是推进教育现代化发展的有力抓手

加快教育现代化建设是教育强国的关键举措,现代化的教育必然要求现代化的教育质量评价体系与之匹配。2019年,中共中央、国务院印发的《中国教育现代化2035》聚焦教育发展中的突出问题,提出了十大战略任务,其中将"发展中国特色世界先进水平的优质教育"作为战略任务之一。该文件明确指出要"完善教育质量标准体系，制定覆盖全学段、体现世界先进水平、符合不同层次类型教育特点的教育质量标准，明确学生发展核心素养要求"，"构建教育质量评估监测机制，建立更加科学公正的考试评价制度，建立全过程、全方位人才培养质量反馈监控体系"。着眼于未来2035的现代化教育，提高质量，优化结构是未来教育发展的关键问题。因此，基础教育阶段要高度重视与完善教育质量综合评价改革，要极力克服唯分数、唯升学、唯文凭、唯论文、唯帽子不科学的"五唯"评价导向，要健全立德树人的评价机制，通过评价促进学校办学质量、教师专业发展水平和人才培养质量显著提高。只有从根本上解决教育评价的指挥棒问题，才能真正促进学生的德智体美劳全面发展，加快教育现代化步伐。

（五）区域基础教育质量综合评价是促进学校内涵式发展的动力源泉

世界各国教育的发展趋势基本都沿袭了从外延式到内涵式的发展脉络。所谓外延式发展强调的是基础教育的数量发展，而内涵式发展强调的质量提升。我国基础教育经过了几十年的发展取得了举世瞩目的成就。2000年，我国基本普及九年义务教育，但是此时是教育机会普及的数量扩张阶段。2001年，"两基"目标基本实现，2005年，义务教育均衡发展成为国家的政策话语，2007年以后教育开始步入城乡一体化发展阶段。2010年底，西部最后13个县的"两基"目标全面实现，全国彻底实现了普及九年义务教育目标。这标志着义务教育由数量到质量转变，即由外延式向内涵式转变的开始。2017年，党中央做出重要决策，中国特色社会主义进入新时代。我国社会经济发展由高速增长向高质量发展转变。经济与教育相互促进的关系决定了教育面临着如何适应高质量发展以及如何实现高质量发展才能为经济腾飞助力的问题。我国已基本满足人民群众"有学上"的需求，正努力朝着"上好学"的新目标阔步迈进。"有学上"满足人民对教育数量的需求，"上好学"满足人民对优质教育资源的渴求，教育需求的变化标志着我国教育发展迈入内涵式发展的时代。教育质量综合评价作为教育改革与发展的"牛鼻子"，能够有效地促进学校的内涵式发展。

二、基础教育评估的误区

（一）重视等级排名轻学校发展

教育评估的目的是促进发展，这是毋庸置疑的，但是这只是理论上强调的目的，实际评估工作中各个主体经常会背离这个初衷。例如，上级部门往往把评估作为管理手段去评价考核下级部门，因此各类的学校都非常看重评估结果，学校领导和教师也是谈评估色变，认为学校教育质量评估万一出现任何差池，自己也难辞其咎。究其原因无非是评估会导致等级排名的变化，而结果又与学校的声望挂钩，甚至决定学校的生存与发展问题。在评估结果公布之前，校领导们难免坐卧不安，提心吊胆，煎熬度日。为了迎评，学校经常会做出一些应付性、临时性、短视性的行为，评估结束后一切照旧，因此达不到以评促建、以评促发展的目的。

（二）重视量化指标轻质性发展

基础教育质量综合评价需要建立指标体系以明确评估的维度以及评分标准等。一些可量化指标如学生的学业成就、教师的科研成果、学校的硬件等，因其具有显性特征、操作性强、便于统计等在实际评估时受到较多关注。而一些影响学校发展例如文化内涵、特色创建等内容，由于不易察觉、难以定量等而易被忽视，但是这些指标却是影响学校可持续发展的关键性因素，需要质性的方法和手段才能被挖掘出来。评估中的这种倾向容易导致各个主体持功利主义价值倾向，学校也容易出现片面发展的趋势。

（三）重视评估结果轻评估过程

《教育大辞典》对于"教育质量"的解释是"教育水平的高低和效果优劣的程度"，"教育质量最终体现在培养对象的质量上"。这样的概念表述指向的是特定结果。那么传统的教育质量评估也多是重视静态的结果取向，而忽视了动态的评估过程。

（四）重视考核导向，轻视改进导向

学校是为国家培养栋梁之材的育人单位，与教育行政部门之间是一种行政隶属关系。这种行政关系决定了学校要在教育行政部门的管辖之下进行教育教学活动。为了促进学校更好地发展，教育行政部门会采取常态化的自上而下的评估手段对学校进行水平评估或者成就测量，以鉴定或者测量学校教育教学质量。但是鉴定的结果涉及领导的政绩、教师的职称评定、学生的升学等，尤其是学校的升学率决定了学校的声誉、学校的生源、教育行政部门的拨款数额等实实在在的利益问题，因而各方都很重视考核的结果。倘若评估结果已出，各方如释重负，评估工作似乎就告一段落。

三、基础教育质量综合评价的实施

2020年，中共中央、国务院印发的《深化新时代教育评价改革总体方案》要求"坚持科学有效，改进结果评价，强化过程评价，探索增值评价，健全综合评价，充分利用信息技术，提高教育评价的科学性、专业性、客观性"。那么如何实施教育评价，发挥其指挥棒作用，让其成为促进教育质量提高的有效手段。

（一）制定基础教育质量综合评价方案

按照《关于推进中小学教育质量综合评价改革的意见》《深化新时代教育评价改革总体方案》等文件要求，统筹规划教育质量评估改革进度和具体安排，包括制定详细的指标体系、评价方法、评价工具等，尤其要做到根据各个学校的教育特色，有针对性地制定个性化评价方案，具体指导县域内的学校开展基础教育质量综合评价。

（二）制订基础教育质量综合评价改革整体推进计划

制订基础教育质量综合评价改革整体推进行动计划，按照行动计划进一步明确教育质量综合评价改革的目标任务、推进策略和工作机制，有步骤、分阶段整体推进质量评价工作。

（三）构建基础教育质量综合评价指标体系

按照教育部下发的《中小学教育质量综合评价指标框架（试行）》，构建基础教育质量综合评价指标体系，明确基础教育质量综合评价的主要维度，包括学校管理、学生成长和教师发展等方面。对于学生成长来说要重视品德发展水平、学业发展水平、身心发展水平、兴趣特长养成和学业负担状况五个方面。

（四）研发基础教育质量综合评价测评工具

教育质量评价应该贯彻整个教育过程，从考试命题方面开始着手要做的是建立命题专家库，从一线教师和学科专家里面遴选精兵强将，每年对其进行专业培训，使其掌握教育统计和测量技术，保证试题的信度、效度，同时重视考试的侧重点，尤其重视对学生核心素养和关键能力的考查，切实为学业质量评价提供翔实准确的依据。还要组织相关专家研制出符合教育规律、符合学生学业发展与身心发展、信度高、效度好、符合测量要求的调查问卷。

（五）构建基础教育质量综合评价模型

一般的评价比较重视结果评价，尤其是学生的学业成绩和学校的升学率，既是评价教师教学水平的依据，也是评价学校教育质量的依据，那么基础教育质量综合评价改革就要做到改进结果评价，强化过程评价，探索增值评价，充分利用信息技术，提高教育评价的科学性、专业性、客观性。例如追踪学校从起始年级到毕业年级学业质量的增值变化，考查学校对学生学业进步和能力提升影响的净效应，建立重在关注学校发展的"增量"；追踪学生从入校到毕业的学业质量、身心发展等方面的增值变化；教师从任教开始，每隔两三年为一个评价周期，追踪教师教育教学水平、观念等方面的变化，等等，以此构建质量综合评价模型。

（六）开展基础教育质量综合评价测评

按照国家"双减"政策的要求组织实施考试，对各个学校开展学业相关因素的问卷调查，收集客观、完整、有效的教育质量的数据，再利用测评工具对学校的教育质量进行综合测评，并将测评结果及时反馈给各个学校以帮助其改进教育教学质量和发展方向。

（七）建立基础教育质量综合评价管理平台

应用现代教育心理学、测量学、统计学等方面的知识，结合教研专家的经验，充分运用信息技术手段，建立基础教育质量综合评价管理平台，通过在线测试、在线问卷调查等对学生的品德发展水平、学业发展水平、身心发展水平、学业负担情况、兴趣特长养成等进行数据采集，然后对所监测的大数据进行自动相似性类聚、进行情感分析等，目的在于形成测量报告并实施互联网推送，将测量结果反馈给学校或者学生个人，以有效推进教育质量综合评价过程化、常态化、专业化。

（八）开发基础教育质量综合评价电子地图

充分运用人工智能、大数据、"云计算"等信息技术，开发基础教育质量综合评价电子地图。评价电子地图应该涵盖学校、校长、教师、学生等教育相关主体，通过图表、文字、动画等形式直观显示教育质量的瓶颈与优势，做到群体对比或者个体差异分析等，实现全员、全程、全面跟踪监控，为各方的教育决策提供最佳参考价值。

(九) 形成与发布基础教育质量综合评价报告

为了提高基础教育质量评价的反馈效率,要形成可用于统计分析的评价报告。分析报告可以是专项分析,也可以是交叉分析,可以是群体性分析,也可以是个体分析等,再针对影响教育质量的相关因素,有针对性提出建议与对策,使得学校、教师等明确改进方向。

(十) 综合运用基础教育质量评价结果

教育质量综合评价的目的不在于评,而在于发现基础教育质量存在的问题、分析问题、解决问题,真正促进基础教育质量提升,因此"以评促发展"才是终极目的。基础教育质量评价结果可以作为学校招生录取的依据,作为学校评价教师教育教学水平的依据;教师评价学生学业质量的依据以及学生自我评价的参考。教育部门要确保教育质量综合评价改革结果的运用纳入年终绩效考核,力求科学、充分运用评价结果改进教育教学管理。

四、基础教育质量综合评价的路径

(一) 重视发展性评价对基础教育质量提升的作用

传统的评估工作重视的是学校是否贯彻落实教育行政部门下发的政策文件以及学校是否保质保量地完成了上级布置的任务,评估的评比与鉴别功能被高度重视,其弊端已逐渐被质疑。当务之急是要重视发展性评价对基础教育质量的提升作用,各个主体首先要转变评估观念,要让评估工作从考核、鉴定、评比等向改进、推动、服务、发展等转变,克服传统评估的达标、分等级行为;克服传统评估重视"昨天"、忽视"明天"的陈旧观念;克服传统评估工作重结果轻过程的倾向,树立以评促建的科学评价观。

(二) 加快评估范式改革,推进评估新取向

传统的评估主体过于单一,教育行政部门扮演着裁判员的角色,学校、教师等主体被动参与,评估重视评估目的、重硬件轻软件、重结果轻过程、重考核轻改进等僵化的评估范式亟须改进。新的评估范式要强调学校的个性化差异,在办

学目标、课程设置、办学特色、办学形式等方面用不同的标准评价学校，目的在于形成特色化的学校教育质量。因此，评估工作要切实落实中央全面深化改革委员会第十四次会议审议通过的《深化新时代教育评价改革总体方案》，做到"改进结果评价，强化过程评价，探索增值评价，健全综合评价"。

（三）实施多元化评价体系，加强评估的科学性

教育质量评估的重要性不言而喻，但是评估过程中暴露的单一性问题难以达到"以评促建"的目的。因此要建立多元化的动态的评估体系，真正发挥评估的服务、导向、反馈功能。例如除了教育行政部门积极作为以外，家长、社区、教师、学生等都可以成为评估工作的主力，尤其要重视发挥第三方评估机构的作用。在西方发达国家，评估、考试等工作几乎都由第三方机构具体执行。这些机构因具有专业性、效率高、成本低、公平公正等优势而备受社会推崇。我国也应该给第三方评估机构提供施展才华的机会和舞台，让它们成为评估的主体力量。

（四）坚持走法制化、规范化、专业化的评估路径

为了促进评估工作有效开展，增加评估的影响力，基础教育评估工作应该坚持走法治化、规范化、专业化道路。一方面要建立健全评估法律体系，做到有法可依，另一方面要加快评估的专业化建设，包括评估机构、评估人员与评估活动的专业化。尤其在今天智能化时代，要善于运用教育大数据和智能技术手段精准识别评估要素，规范的评估流程，以帮助基础教育质量综合评价工作实现高度的专业化。

第二节 基础教育质量综合评价体系的构建

一、基础教育质量综合评价的价值取向

评价有基于事实的判断，还有基于价值的判断。价值是客体对主体的有用性。当事物的价值经过长期演变成为影响重大的、广泛的信念时，我们可以称之为价值取向。教育质量评估的价值取向是评价主体对教育质量所进行的稳定的认识活动，对教育质量评价的价值取向进行研究与思考是一个无法回避的问题。在以往的教育质量评价中，人们习惯于用升学率、考试成绩、就业率、辍学率等衡

量教育质量的高低,以而对教育质量进行事实判断,而教育质量的价值判断则能够反映人们对教育质量持什么样的价值观,教育质量的价值观是基础教育综合评价的价值取向的核心要素,然后在实践中却容易被忽视。我国基础教育质量综合评价改革工作在紧扣教育部综合评价改革的基础上,始终坚持由鉴定分等转向促进发展、由单一评价转向全面评价、由被动评价转向主动参与的价值取向。

(一)由鉴定分等转向促进发展

传统的学校评价体系主要以过去所做的工作和取得的成绩为依据,对学校办学水平做出等级评定。教育质量综合评价采用"以入口看出口、从起点看变化"方式评价学校办学水平,重在关注学校发展的"增量",关注学校在原有基础上的发展和未来的发展趋势,把终结性评价与形成性评价有机地结合起来,明确学校发展的潜在能力,从实际中提出切实可行的发展措施,让不同类型学校都在原来水平上得到整体提升,使综合评价成为学校自主发展的内在动力和源泉。

(二)由单一评价转向全面评价

传统评价将升学率和考试成绩作为评价学校教育质量的唯一标准,这种评价导向使得不少学校不惜采取加班补课、实施高压管理、下达升学指标等方式来提高教育质量,结果导致学生课业负担加重、学习兴趣锐减,严重损害师生身心健康,无形中导致学校片面追求升学率,形成校与校之间恶性竞争,违背科学发展观。教育质量综合评价基于全面的教育质量观,力图将影响教育质量发展的主要因素纳入评价范围,评价内容涵盖学校管理、学生成长和教师发展;同时将各项评价指标的结果及时反馈,引导学校落实科学发展观,促进学校可持续发展。

(三)由被动评价转向主动参与

传统评价方式中,学校作为评价对象一直处于被动地位,缺乏话语权和解释权。教育质量综合评价采取多元主体参与策略,让学校领导、一线教师、广大学生和家长共同参与到评价过程中,将内部评价和外部评价结合起来,综合多方评价意见,促使学校主动发现问题,寻求科学发展策略,不断改进教育教学管理,激发学校办学积极性,从而建立和完善符合自身发展需要的发展机制。

二、基础教育质量综合评价的指标体系构建

基础教育质量综合评价是根据国家的政策法令定期对基础教育质量进行鉴

别、评估与判断的管理活动，体现了国家对基础教育质量较强的行政管理倾向。2002年，时任教育部副部长的王湛在全国教育督导大会上强调国家要建立义务教育质量监测制度，从此，国家基础教育质量监测与评估的帷幕被拉开，但是基础教育质量评估多依托教育督导评估进行。2006年，教育部召开会议强调工作重点是要建立国家基础教育质量监测与评估体系。2007年，在北师大挂牌的基础教育质量监测中心的成立，标志着我国基础教育质量监测工作正式启动。从当年开始，基础教育质量监测中心每年对一到两门学科或者领域及与学生发展相关的影响因素进行监测，从起初的3个试点省份发展到覆盖全国31个省（自治区、直辖市）。多年的监测探索工作为基础教育质量指标体系的构建打下了坚实的基础。2015年，《国家义务教育质量监测方案》的出台标志着我国教育质量监测制度正式确立。该方案确定了语文、数学、科学、体育、艺术、德育六个学科以及影响学生学业水平的相关因素为重点监测内容，纵向上形成了国家、省、市、县层级化的教育质量监测，横向上包括教育督导、教育质量监测与评价等纵横交融的评估体系，基本形成了以机构带动工作发展的体系建设格局，定期向社会公开发布国家教育质量监测报告，并且重视教育质量监测结果在教育实践中的应用。例如2018年，全国35个市县区成为基础教育质量监测结果应用试验区。

三、基础教育质量综合评价的指标体系特点

（一）全面性

基础教育质量综合评价指标包括学生成长（包括品德行为、学业水平、身心健康、兴趣特长、学业负担）、教师发展（包括师德修养、专业能力、教学效能）、学校管理（包括常规管理、办学特色、办学行为）三个维度的基础教育质量评价指标体系，为教育发展全面"把脉"。该评价指标体系不仅关注学生健康成长状况，还关注教师专业成长和学校管理状况；不仅关注学生学业水平状况，还关注学生的可持续发展能力及影响学业水平的相关因素。

（二）连贯性

基础教育质量综合评价在指标设置上将小学、初中和普通高中各个学段的质量评价相互打通、衔接起来。例如，学业水平指标中不仅考查学业整体发展水平、均衡度、合格率、优秀率，同时也考查被评价对象在原有基础上的进步幅

度，进行纵向分析，看提高、比发展。

（三）发展性

基础教育质量综合评价指标体系自确定以来，在评价实践中不断发展完善。例如新增学生家庭教育方式状况测评，新增学生近视率的测评，新增学生学习策略、阅读状况、教师工作压力状况、研学旅行状况、智慧校园建设状况测评。2021年"双减"政策颁布以后，学生参加课外培训状况以及学校课后服务的实施情况成为重要的关注点。

四、基础教育质量综合评价的方法

基础教育质量综合评价主要有测验法、问卷法、实地考察法、成长记录袋等评价方法，必要的话还可以辅之以访谈法、文献分析法等。

（一）测验法

测验法是指运用经过事先设计好的标准化的题目，根据评价对象对题目做出的反应，推论其拥有这个测验所想测量的行为并给出数量化解释的一种评价方法。从其定义可知，测验法具有间接性、客观性以及标准化等特点。由于评价对象的内在心理过程或心理特质是通过评估其在测验试题上的表现推导出来的，因而间接性是测验法一个显著的特点。测验法的客观性表现为测验测量的内容、对象都是客观的，测验结果也是为了解释、预测某种客观现象。另外，测验编制、施测、评分、结果解释等过程都需要严格遵循标准化流程，反映测验法的标准化特点。

测验法的主要优点有：一是标准化程度高，能够保证测验具有较高的信效度，可确保所收集数据的真实性和有效性；二是可以在短时间内进行大规模施测；三是能使用复杂的统计方法对测评数据进行深入挖掘，量化程度高；四是测验结果之间具有可比较性，也可以同常模进行对比，明确个体的相对位置。测验法的局限性表现为：一是对测验工具开发质量要求高，对开发人员的专业要求也较高；二是施测严格，对测验施测者要求较高；三是测验开发成本高，开发周期长，比较耗时耗财力。

测验法是在教育质量监测和评价中使用频率最高、也是最为广泛的一种评价方法。测验法主要用于评估学生的学业表现水平、学习素养、认知能力等方面内容。

（二）问卷法

问卷法是使用编制好的问卷收集相关信息的一种研究方法，是心理学、教育学、社会学等学科常用的研究方法。问卷的设计、问题的选择、问卷的实施、问卷结果的分析都需要严格按照一定的原则和要求进行。

问卷法的主要优点有：问卷内容客观统一、分析处理便捷；节省人力、时间和经费；匿名性强，答案真实性较高；易于获取大量样本；研究间接化，相互作用效应小。但问卷法的使用也存在局限性，如测评内容深入性不够，更适用于了解一些比较简单、表面的问题，对一些复杂的问题以及教育与学习的过程进行的调查与分析作用有限。

在基础教育质量综合评价中，问卷法主要用于收集影响学业发展的相关因素信息以及评估学生日常行为、学习态度、身心健康等非学业教育质量内容。例如，被英国人誉为教育界的"世界杯"的PISA项目从教育系统、教育机构、教育环境、受教育者四个层面，每个层面从前提和约束条件、环境和过程、结果和产出三个维度，设计学生问卷、校长问卷，收集影响学生学业质量的相关因素。促进国际阅读素养研究（PIRLS）主要从国家与社区背景（包括经济发展水平、人力资源、地理特征，教育制度组织，初级阶段的阅读课程等）、家庭背景因素（包括家庭学习资源、父母教育期望、早期阅读活动等）、学校背景（包括学校位置、学生社会经济背景、教师工作条件和职业满意度、校长领导力等）、课堂背景（包括教师准备和经验、课堂资源、教学参与以及课堂评价等）、学生特征和阅读态度（包括学生学习准备、学习动机、学习自我认知等）五个方面全面测查影响学生阅读素养的因素，其中阅读测试和调查问卷是主要测评类型。

（三）实地考察法

实地考察法是根据评价目的、对照考察指标或要点到教育现场，用自己的感官和辅助工具直接获取数据资料的一种评价方法。它是有目的、有意识的信息收集方法，在进行观察过程中需要围绕观察目的有选择性地获取信息，而非盲目地、被动地收集信息。

实地考察法的主要优点有：能够得到不能用纸笔形式直接测量或者直接测量可能失真的资料，如课堂互动过程、年龄较小孩子的行为表现；能收集被评价者在自然状态下的行为和反应，能收集到其他方法收集不到的真实资料，不仅能全盘收集当时观察现场的信息，还能收集到特殊的情境或细节。但实地考察法也具有其自身的缺点：观察获取的资料，信息的分析和解读都会受到观察者、分析者本人的专业水平、心理因素、个人倾向等的影响，其可靠性会受到影响；需要花费较多的时间、人力、物力进行观察人员的培训、观察实施、观察结果编码等工作，不适合进行大规模数据收集，而且实地考察法获取的资料一般是进行定性分析，不适合使用定量的统计方法进行数据挖掘。

实地考察法在教育质量综合评价中主要用于学科工具及背景因素问卷开发前对学生、教师等群体进行的调研，同时也可以在综合评价结果后对异常数据或结果的事后检验。

（四）成长记录袋评价

成长记录袋是以文件夹的形式收集每个学生具有代表性的作品或其他证据，通过合理的分析与解析，反映学生在学习与发展过程中的优势与不足及在达到目标的过程中所付出的努力与进步状况的一种评价方式。这种方法关注的是学生成长过程，能提供结果性数据和丰富的过程性数据，反映学生在学习与发展过程中的优势和不足。同时，成长记录袋评价具有整合性、综合性的特点，可以根据评价目的，设置不同的主题，让学生收集形式多样的、具有代表性学习成果，反映学生综合能力的发展状况。

成长记录袋在教育质量综合评价中是一种极为重要的学生成长过程性的收集数据手段，既是其他方法的补充，更是对其他方法的有效验证。

（五）表现性评价法

表现性评价是指运用评分规则评估学生在真实或模拟情境中，运用所学知识创造或完成任务、作品或解决问题的表现状况，以考查学生知识和技能掌握程度，以及实践、创新、问题解决等多种综合性能力发展状况。从定义可以看出，表现性评价有三个重要特点：一是学生在真实或近似真实情境中所学知识的运用；二是学生自由发挥，自主创新性完成相应任务或解决相应问题；三是事先制定好评分规则。因此，表现性评价工具应包含测查学生表现能力的任务或试题以及对应的评分规则。

表现性评价的优点在于：一是根据学生在真实情境或模拟情境下的表现状况而收集学生的相关信息，真实性较高；二是可以科学评估学生在真实情境下的表现状况，相较于其他方法，具有更高的生态效度；三是表现性评价方式多样，适用范围广。表现性评价的局限在于：一是对表现性评价的工具设计和评分规则制定要求较高，对设计人员的专业性要求较高；二是实施难度较大，费时费力；三是不适用于大规模测评；四是评分具有一定的主观性。

在教育质量综合评价中，表现性评价适用于测量科学、体育、艺术、社会实践等课程的内容，以及审美素养、人际沟通、潜能发展等指标内容，这些课程内容情境真实性较强，需要学生能够在真实情境中表现出真实水平。目前，表现性评价已经在欧美等国家的教育监测或评估中得到广泛应用。我国义务教育质量监测中的体育、艺术、科学监测则较多采用表现性评价方式。另外，国际大型评估项目也倾向于运用表现性评价评估学生的真实能力发展状况，如PISA试题大部分是基于情境而命制的，TIMMS数学测试以及NEAP科学测试都是表现性评价。

五、基础教育质量综合评价的机制保障

教育质量评价的具体实施需要建立起相应的管理机制予以保障。目前，世界各国进行教育质量评价的组织模式及管理制度主要有三种：一是成立独立于教育行政部门的专职机构或专门委员会进行教育质量评价，直接向政府报告，美国、英国等发达国家大都采用这种模式；二是由政府机构以项目的形式委托大学或研究机构来进行，如澳大利亚、新西兰、加拿大等国家；三是由教育行政机构负责，通过设立专门的评价部门开展评价工作，受教育行政机构意志引导。我国基础教育质量综合评价管理大多采用第三种模式。例如区域教育质量评估采取的就是教育行政部门统筹教育督导室、直属教科室、中小学校等各方资源，设置教育质量评估机构，负责本区域基础教育质量综合评价指标体系研制、评价工具研发、测评实施、数据处理、报告撰写、结果发布等工作。

（一）建立区域教育质量综合评价组织机构

首先，成立教育质量综合评价改革实验工作领导小组，以政府和教育行政部门的支持和保障为基础，引导综合评价工作有序开展；其次，组建教育质量监测与评估中心，招聘教育测量与评价专业人员，成立市、县（区、市）教育行政人员、校长及一线骨干教师共同参与的项目科研组，协同教育科研院所与地方高校，整合教育学、心理学、学科教育、教育测量学等学科与专业的资源开展综合评价指标的研制、工具的研发等系列专业具体工作，区域内学校积极参与，形成多方协同配合的教育质量综合评价推进架构。

第四章 基础教育质量综合评价

（二）完善区域教育质量综合评价管理机制

1. 研制实施指南

《中小学教育质量综合评价实施指南》对区域内基础教育质量综合评价指标细化、评价方法使用、评价工具研发、评价报告撰写、评价结果运用、管理云平台搭建以及整个评价流程涉及的各方面管理进行了详细说明，为具体开展教育质量综合评价提供了科学依据和规范化指导。

2. 研制行动计划

按照《中小学教育质量综合评价实施指南》制定《中小学教育质量综合评价改革整体推进行动计划》，进一步明确教育质量综合评价改革的目标任务、推进策略和工作机制，同时多次召开基础教育质量综合评价改革推进会，分阶段部署基础教育质量综合评价改革工作。

3. 做好保密工作

测评工具及采集数据的保密情况会直接关系到评价真实性和客观性，凡是参与基础教育综合评价的工作人员均需签署保密协议，未经允许严禁以任何方式泄露评价相关工具及评价数据。建立评价保密文件室，内设保密文件柜，用于存储历年纸质测评工具、实施方案、相关文件及评价报告，并设有教育评价专用服务器，用于处理、存储相关评价数据。

（三）研制区域基础教育质量综合评价管理平台

基于"互联网+教育"环境下的教育质量综合评价管理平台实现了基础教育质量综合评价过程化、信息化和常态化。管理平台可以利用数据采集系统收集教育过程性和结果性数据，形成一个基础教育质量评估的大数据库；利用问卷测评系统采集影响学业水平的相关因素的数据；利用数据分析系统对测评中的无效数据进行自动清理，确保数据进入分析前是有效的；利用测评报告生成系统生成评价报告实现评价结果可视化。

第三节 基础教育质量评价体系的结果应用

教育评价事关教育发展方向，有什么样的评价指挥棒，就有什么样的办学导向，就会产生什么样的教育质量。因此，基础教育质量综合评价结果是改进教育质量和评估活动的依据，只有将评价结果有效运用到教育实践中才能真正实现教育质量提升，但是实践中随着评估活动结束，评估人员紧张的神经也得到了放松，对评估结果的应用重视程度不够，尚未充分实现以评估促进发展的目标。2020年10月，为了扭转不科学的教育评价导向，坚决克服唯分数、唯升学、唯文凭、唯论文、唯"帽子"的顽瘴痼疾，提高教育治理能力和水平，加快推进教育现代化、建设教育强国、办好人民满意的教育，中共中央、国务院制定了《深化新时代教育评价改革总体方案》。这是我国第一个关于教育评价系统性改革的政策文件，既体现了国家对教育质量评价问题的重视，也突出了解决评价中所出现的问题的紧迫性。

当前我国教育质量评价的"五唯"倾向十分严重，原因之一是评价结果与利益的过度绑定。为了满足相关主体的利益需求，评价对象高调宣扬优势、刻意回避劣势，甚至存在恶行竞争的畸形心态与行为。这种功利性的评价取向使得"以评促建、以评促改、以评促管、以评促强"的教育质量评价的基本功能不断被消解，严重破坏了基础教育的生态平衡与均衡发展，影响了基础教育质量的提升。因此"改进结果评价、强化结果应用"就成为深化新时代教育评价改革的关键环节。此外，实施一次基础教育质量综合评价费事费时费钱费人，如果不能很好地将反馈结果应用于教育实践，浪费资源不免着实可惜。

一、基础教育质量评价体系结果应用的类型

（一）过程性应用

在基础教育质量评价中，学校可以将学生在刚入校时的学业成就、对学习的认知等因素进行量化处理，作为教师教学与考查学生综合素质的重要依据与参考。教师在教学过程中及时和家长沟通，反馈学生的学业水平，争取得到家长的有力支持，形成家校共育。教师要将评价结果正面地、及时地反馈给学生本人，便于学生调整自己的学习方式，激励学生自我教育和自主发展。教师要把教育质量评价结果计入学生的学年学业成绩单中，并成为学校对学生评奖评优的依据之一。

（二）终结性应用

学校要将毕业班学生在校期间的综合素质量化评价结果，进行分项核算或者

总分汇总的形式制成学生综合素质报告单,并将其纳入毕业生升学学业成绩总分。该结果可以作为上一级学校招生的依据,也可以作为学生选择学校的依据。

(三) 文献性应用

学生在校期间所形成的所有的过程性的学习、考试等资料都是学生在校期间成长轨迹的表现,学校将这些资料汇总后作为分析学生成长回溯、升学走向、未来成就预估等方面的文献性档案。学校要妥善保管并将长期存在学校的档案室,以备不时之需。

二、基础教育质量评价体系结果应用的路径

基础教育质量综合评价能否有效地服务于基础教育教学改进工作与教育决策的制定,取决于能否有效运用评估结果。当前我国围绕基础教育质量综合评价形成了以机构带动评估工作的发展格局,各个省、市、区县的基础教育质量监测机构纷纷探索教育质量综合评估工作,并将评估结果应用于基础教育教学工作,表现比较突出的省市是重庆和浙江的台州市。这些地区在国家基础教育质量监测的基础上,形成了专项的分类报告,同时重视教育专家对本地区教育质量评价结果的解读,善于总结经验,基本厘清了区域基础教育质量监测与评价的路径与方法。

(一) 充分挖掘基础教育质量评价的数据结果

充分挖掘区域基础教育质量评估数据结果,并将这些结果与国内其他地区的数据或者相关的标准进行比对,就能够分析出区域基础教育质量发展状况,厘清教育投入与教育环境等方面存在的问题,为政府的管理工作提供科学化、专业化的指导。

首先,政府部门通过数据可以明确本区域内基础教育质量的优势与劣势,以便他们能够在弱势领域采取积极措施弥补质量短板;政府还可以通过数据重新配置教育资源,促进基础教育均衡发展。通过数据比对,对于表现突出的地区可以树立典型,通过宣传推广的形式形成良好的基础教育质量评估局面。对于哪些表现一般的地区可以进行分析原因、提供扶持对策。政府还可以通过数据分析各个地区对于基础教育政策的贯彻落实情况。

其次,学生学业评价能够帮助教师了解学生对教学内容的掌握程度,横向上明确学生在群体学习中的相对位置,还可以帮助教师明确影响学生学习成绩的关

键性因素。

再次，挖掘评价数据还可以向社会宣扬正确的教育质量观，克服片面升学率以及纠正以学生学业成绩论英雄不良评价方式。评价结果还可以建立科学的家庭教育方式，引导家长树立正确的教育观念与教学行为，减轻学生的学业负担与心理压力。

（二）对口应用基础教育质量评估的结果

基础教育质量评价涉及的问题比较多，包括课程开展、师资队伍、学生学业成绩、学校管理等，在结果的应用方面应该是发动相关问题的对口管理部门、教育督导、教师、校长、学生、家长等，进行多方协同联动、共同参与，有针对性地应用评价结果去改进教育质量。教育行政管理部门要针对评估发现的问题制定切实可行的应对政策，并积极引导学校将教育政策转化为教育行动。中小学是基础教育质量评估结果应用的基地，区域性的教育质量评估结果能够全面诊断与反映学校的教育与管理水平以及学校的优势与劣势，学校相关人员应该具有通过数据为学校发展把脉的思想，认真研读数据，分析数据背后的深层次原因，找到解决问题的方案。例如对学生学业与非学业两方面的评估结论以及有关原因的解读，便于教师针对学情及时调整方式方法，促进学生全面与个性发展；对师资评估结果的解读有助于学校了解教师需求，关注教师专业发展，为教师专业发展提供客观的信息依据。

为了推动基础教育质量评估结果应用的科学性，促进数据向实践转化，学校还可以与专业机构合作。专业机构能够迅速地解读学理性强、数据量大、统计技术含量高的评估报告，并且能够将容易引起误会的地方迅速澄清，尤其是迅速厘清数据结果之间的逻辑关系，使得学校能够明白制约其各方面发展的影响因素。

（三）基础数据结果建立监督与问责机制

基础教育质量综合评价的目的在于改进基础教育质量，监督与问责的目的也是基于改进。监督与问问责的过程中要用发展的眼光看待评估对象，引导他们基于问题去改进，进行增值，而不是将评估的结果看作是终结性的评估结果。教育质量评估的结果可以为学校发展提供持续性发力的作用。

国家基础教育质量评估的数据结果向社会公布后引起的反响较大。接下来要做的是广泛吸纳社会力量，形成社会监督之势。对于那些违法乱纪、弄虚作假、胡乱作为或者不作为的行为进行曝光与追责，并给出整改期限，对于整改的学校要进行追踪评估，例如进行专项督导或者二次评估。建立问责机制的关键在于要形成一定的问责内容与问责程序，明确什么样的行为需要问责以及如何问责。例如对一些学校领导进行约谈，能够了解教育质量不高的原因到底是客观条件限制，还是领导人敷衍了事不积极作为造成的，对于一些因条件限制而导致教育质量不高的学校要积极指导、提供扶持措施帮助学校渡过难关，有效提高教育质量。

综上所述，为了应对越来越强大的国际竞争，从国家发展战略的高度来看待教育，建立科学合理的教育质量综合评估系统，探索评估成果的合理运用，对于推动教育的内涵式发展、提高教育质量，有着广泛而重大的意义。

第五章　教师的专业发展

第一节　教师专业化的过程与要求

百年大计，教育为本，教育大计，教师为本。教师是教育工作的中坚力量，有高质量的教师才有高质量的教育。高质量教师的培养离不开教师的专业发展。教师的专业发展是教育改革的原动力，是提高学校凝聚力的核心，是学校教育质量的关键，是学生发展的保障。如何促进教师专业发展，是学校领导、教育研究专家、教师自身积极关注的问题。

一、教师专业成长与教师专业发展

教师的专业成长与教师专业发展是两个不同的概念。从字面上讲，"发展"是事物由简到繁、由低级向高级的转变过程，这个过程外部的规范与预设影响不容小觑，"成长"是强调的是个体追寻成熟、专业化的过程，具有一定的生成性。因此，教师的专业发展是指教师以自身现有的基础为出发点，以专业成长为目标，以提高专业理念和师德、专业知识、专业能力为内容，动态持续的发展过程。教师在整个职业生源中遵守一定的管理制度与培养制度，提高自己的专业理想、专业能力、专业道德，最终发展成为优秀的、成熟型的、卓越的教师。而教师的专业成长注重的是教师个人的生成性发展，是教师在教育情境中不断树立专业理想，丰富专业知识，发展专业能力、强化专业道德，形成专业自我的动态过程。哲学视域中发展是螺旋式上升的过程，而成长的生成性既体现上升，有可能含有退步的。

二、教师专业成长的过程

教师的专业成长没有固定的攻略，却是有规律可循的。一般而言，教师的专业成长会经历三个阶段，分别是一次成长期、高原期、二次成长期。如果教师能够很好地度过三个成长阶段，就会由入职初期的新教师转变为骨干教师，再到卓越教师，即由教师到教育家的转变，而不再是一个教书匠。教师这两次成长起关键作用的是第二次成长，大部分教师在专业发展中会遇到第二次成长的瓶颈，二次成长会决定教师专业发展的高度。

（一）教师专业的一次成长

新手教师经历了几年的师范教育，完成了职前培训，步入工作岗位以后首先要从思想上转变身份，即由学生身份转变为教师身份。这个阶段教师的教学方法、教学态度、学生观等一旦形成，教师自己独特的教学风格就会固化。对新手教师的调研发现，几乎所有的新手教师初踏讲台时，对于教育事业都充满了期待、热情，但苦于没有经验，只能揣摩，难免会陷入失落、不知所措。因此，建议新手教师从以下几个方面助力专业成长：

第一，先站稳讲台，再想方设法站高。

新手教师要与学生先建立良好的师生关系，要让学生接受自己，喜欢自己，学生才能接受教学内容、接受教师的教学方法。多年的教学经验告诉笔者，很多学生之所以不喜欢某门学科，根源在于不喜欢任课教师，正所谓"讨厌和尚而恨及袈裟"就是这个道理。因此，新手教师先让学生接受自己，踏踏实实做好自己分内的事情，做一名称职的教师。在此基础上，再努力学习在讲台上站高一点。如果教师没有搞清楚这个道理，既是满腔热情也会被凉水浇灭的，教学挫折的产生就难以避免。

第二，先模仿榜样，再创新风格。

课堂教学的第一步应该是仿照，新手教师要多观摩名师课堂教学录像，包括名师的课堂教学结构，课堂用语的使用、名师的肢体语言，学生的课堂反应以及课堂教学效果等。同时，邀请本校有经验的教师进自己的课堂听课，虚心聆听专家的评价与意见，并且多反思多实践。当教师对教学内容、课堂管理等驾轻就熟了以后，就可以尝试着创造出适合自己的特点和适合所教学生特点的教学方式，逐渐地形成自己的教学风格。

第三，先肯定求同，再沟通求异。

基础教育阶段的学生内心世界是单纯的、丰富的、美好的，当学生遇见问题困惑需要老师帮助而主动找教师谈话时，教师不能把学生小毛孩，居高临下，以长辈的语气态度对学生进行说教。改变一个人的认知是非常困难的，教师要用和蔼的、循循善诱、与学生平等对话的方式与学生交流。当学生与教师的观点不一致时，先不要着急否定学生，要耐心地倾听，弄清楚问题的根源，对于合理的观点最好能够复述出来，再加以肯定，让学生感觉得到了教师重视与尊重。对于不合理的观点要委婉的方式、用事实说服学生，而不是强行让学生认错。

第四，先让学生成长，再期望成才。

教育首先是育人、其次才是育才。教师要永远把立德树人摆在首位，要把学生培养成一个心理健康的人、一个行为习惯良好的人、一个对社会有益的人，先期望学生成长，再成才，不能片面强调学生的学习成绩而忽视其他方面。

第五，教师自身先升值，再升职。

教师要实现人生价值，就得对自己的职业有明确的规划。教师希望自己成为一个什么样的教师，就得付出什么样的努力，教师先要努力提高自己的专业水平和业务能力。人之所以在岗位上能做出突出成就，关键在于对业余时间的利用。因此，教师要充分利用业余时间不断学习与进修，不断反思、不断总结；还要尽可能地参与教学、科研、德育等活动，在实践中锻炼提高自己，以达到升值的目的。

（二）教师专业成长的高原期

一般而言，随着教师教学工作的深入，教师会越来越了解学生特点，越来越熟悉教育内容与流程，其教学效果会越来越好。一些研究者经过实证研究也验证了新教师的教学效果与教龄成正比。新教师入职五年内的教学效果与水平呈现上升趋势。接下来第六到第八年，教师专业成长普遍呈现平稳势态，第八到十年，教师群体会呈现两极分化的状态，约有5%的教师通过反思性学习与实践，教学水平显著提高，面临二次专业成长，但是有95%的教师在这个时间段内教学效果与教学水平呈现下降趋势，其下降速度和幅度会因人而异。这些教师往往表现出情感枯竭、缺乏成就感、职业倦怠感等特征，研究者将这个阶段称之为教师专业成长的高原期。此时，教师对于日复一日重复性的工作内容会产生厌倦，对教学缺乏兴趣，对学生缺乏热情，无法从教书育人中得到乐趣，工作仅仅是谋生的手段，而非为了实现人生价值以及培养人才；一些教师由于生活、情感、身体状态、家庭等问题的牵绊，明显感觉到即使再努力，也难以提高教学效果，但是多年的教学经验导致教学效果也不会太差。一些教师自认为熟悉了学生、教学内容与整个环节，也不太会向周围的同事虚心请教，即使偶尔同事提出中肯的意见，可能也从内心产生抵触情绪。一些教师对高原期的感受具有明显的自蔽性，属于无意识状态,不能清晰觉察所处环境的变化。研究显示大约有50%的教师整个职业生涯都将如此度过,此时的教师年龄正步入中年,人生面临各种问题,欲走出高原期实非易事。

(三)教师专业的二次成长

十年磨一剑。5%的教师经过十年的学习、反思、实践、探索、沉淀,成功地进入到二次专业成长。这些教师关注的视角开始发生变化,对原先不太感兴趣、不太关注的事情开始投入精力与时间,教师知识的广度和深度都有所增加;教师不再想当然地解决问题,而是会发现教育理论的存在的优势,自如地用理论武器解决问题,甚至自己成为某种理论的追随者;教师自己的生活和工作圈子开始向外扩展,向书本、他人学习成为一种常态,教师的教育理念和格局开始有所突破,对教育的感悟与生命的理解越来越深刻,表现出独有的智慧;教师比较注重对自己的教育资料的收集与汇总、再反思,每反思一次都有一些与众不同的收获。对于过去的一些经验,也能正确客观地对待,能接受他人的善意的批评甚至否定意见。大部分教师由向外看转为向内察觉,更加关注自己的内心,善于从自身寻找问题,而不是遇事推卸责任,不自卑,也不自傲,能客观看待自己。

三、教师专业化的要求

(一)教师的基本素质

1. *广博的科学文化知识*

教师专业化的主要特征之一,表现在对所有的不同知识领域和理论加以筛选、组合、传播和评论,以及在这种过程中实现知识创造与增值的专门能力。这就需要教师不但要熟悉和掌握一个具体领域的基本知识和基础理论,还要了解各个专业和领域基础知识间的关联。教师只有掌握了渊博的科学文化知识,才能够融会贯通,得心应手,将专业知识与其他领域的知识有机融合,才可以更有效地调动学生的求知欲望和学习兴趣,便于学生更好地掌握基础知识;才可以使自己掌握教师专业知识更加迅速牢固,使得课堂教学丰富多彩,赢得学生的尊敬与爱戴,达到爱其师而信其道的效果。

广博的科学文化知识主要包括人文科学类基础知识,如关于哲理、社会主义、人性学、市场经济、法政学、伦理学、历史学、地理等领域的基础知识；自然科技类基本知识，包括最常见的自然科学基本知识，以及关于文理专业交叉的基础知识；工具类基础知识，如外文、计算机数学、电脑、文献检索、应用文撰写等领域工作方面的基础知识；艺体类基础知识，如体育运动、美术、科学与健康、楷书、声乐、跳舞、戏曲、摄影、现代美术、文学鉴赏、电影评论领域工作方面的基础知识；劳技类基础知识，如工农业产品的基本原理以及常识。

2. 系统的学科专业知识

学科专业理论知识，是指与专业授课课程相对应的学科基础知识。教师教育的对象是人，尽管基础教育阶段的孩子都是未成年人，但是他们成长于不同的环境，是形形色色的个体，这种特征决定了教育是一项系统性的、复杂的、具有创造性的育人劳动。教师要顺利地完成教育工作，首先就必须掌握所教课程的基本知识，对所教课程的全部内容有深刻全面的认识。教育中的很多工作，如选取有意义的知识项目进行讲解，提出创造性的问题，指导学生的练习等，都取决于教师对课程的基本认识。没有这个专业背景，教师就算教过几年的课，课程专业知识也无法在教学的过程中完全自发形成。相反，教师一旦对专业领域有很透彻的认识，那么课程专业知识就会随着教学经验的发展而发展。教师通过全面、体系、坚实、精深地了解课程专门的基础知识，才能从整个科学体系中全面把握课程，在课堂中通观全局地处理教学内容，才能使专业知识在课堂中不仅以符号形态出现，还能以逻辑推理、论证的方式存在；老师可以传授学习者通过了解各种专业知识、技巧的方式，发展学习者的智慧，进而举一反三，引导学习者在专业知识的世界中畅快地遨游；可以针对不同的教学对象选用最有效的教学模式，在课堂教学中真正做到科技精神与人文、理论与实际、知识与人生的统一，发挥学科知识全面教育的价值。

3. 坚实的教育专业知识

教师要成为学生心智的研究者，所教学科的专家，不但需要所教领域的专业知识，也同时要教育学科的专业知识。具体地讲，教师的教育专业知识分为三个方面：

（1）一般教育学知识：美国的教师协会主张：凡是要做教师的人，首先必须修完类似医师和律师所必需的（教育学）专业课程。其思想的内在实质是：教师是专业性人员，一个行业要把人视为专业性人员，就需要这个人了解这个行业的基本理论与知识。教师作为专门的教育人员,就与仅受过普通高中课程,或者较多普通高中课程的外行人是不同的,他不仅掌握学科知识,而且能够熟练运用专业的教育理论知识处理教育问题。这是一般教育人员"双专业"特征的客观需要,是老师进行教育授课业务的重要基础,更是使老师的教育教学水平由经验水准提升到教育科学水准的重要前提条件。所谓的一般性的教育专业知识涉及教育基本理论、心理学基础理论、品德学、课程理论、高等教育史、教育社会学、教育心理学、教育管理学、教育法学、特别教育、教学改革理论与实践、现代教学技能知识、教师科研方法等。教师只有通过全面系统地了解现代教育知识,才能树立先进的教育理念,通过合理选用教育方式方法,将自身所掌握的教学内容科学合理地传授给学生,学生也会轻松高效地习得知识与技能,从而获得全面可持续的发展。教学专业知识是教师经验的总结与归纳。教育工作者不但要善于从教学实践中掌握和应用教学知识,而且还要对教育教学改革的实践进行总结与归纳,从而上升为阐明教学原理的新的教育思想与认知。

(2)学科教学知识:教师运用学科知识应该与其他人不同。教师并非历史学家,只是教授历史的人,教师并非物理学家,也只是讲授物理科学的人,因此教师运用其学科知识必须在特性上和其他人有所不同,而不是教学内容的不同。舒尔曼指出区别教师与普通知识分子的一个认识系统是课堂教学意识。因为课堂教学意识在于将"教学内容"和"课堂教学"糅合在一起,成为某种认识,使其具备"可教性"。老师所要思考的不是只有课堂本身,而是老师根据特定问题,针对学习者的各种兴趣和能力,运用学科教学知识将教学内容加以组合、表达与调整,以便于实施科学教育。

(3)教育的情景意识:学科教学是基于实践性的、情景性的。现代课程教学和科研活动都有着鲜明的情景性特征,教育者除了要运用理论教育学生以外,更需要持续地针对教育情景中的具体问题,使用科研方式,探究问题的可能原因,从而掌握提问的本质,并深入探究解决的方法。事实证明,优秀教师针对不确定性的教育条件能进行更复杂的理解和判断,能在经过具体思考后再选择更符合特定情景的教学活动。此外,教师还需要结合时代要求,与时俱进地创新课程教学方法,不断提高教育专业的质量,并积极投入教育教学改革工作,才能有机会促进学校教学的质量提高。

(二)教师的专业技能

专业化的老师,应该具有担任教育教学岗位的基本技能和能力。

1. 教学技能

教师将知识、文化、方法等传授给学生，是需要一定技能与技巧的。教师善教才能引导学生善学，好的教学技能能让学生更容易理解知识，掌握方法，能够起到事半功倍的作用。一般而言，教师的教学技能包括教学设计、课堂教学、作业批改和课后辅导、教学评价、教学研究等方面。教学设计技能主要是根据教学计划制定教学进度计划和课程授课计划。课堂教学技能是教师在课堂活动中利用一定的知识和经验完成一定课程内容的技能技巧，包括组织教学、导入新课，讲授提问、语言运用、板书书写、总结等技能，教学技能的初级阶段往往考察教师的教学基本功，包括"三笔字"（钢笔字、粉笔字、毛笔字）、"一话"（用普通话交谈、讲演、朗诵）的基本技能等等。作业批改和课后辅导技能，教师需要懂得课后作业是为了巩固课堂教学。为了减轻学生的学习负担，教师需要明白那些知识仅仅口头即可，那些需要书面作业去巩固课堂所学。批改作业是为了发现学生对知识的掌握情况，教师不能为了省事让学生互批作业，也不能把批改作业的任务交给家长，徒增家长负担。教学评价技能是教师评价学生学业水平、道德发展水平、情感态度等方面的技能，也包括命题、评卷以及试卷分析等技能。教师应该客观公正地评价学生，不能片面地以学生的学业成绩作为评价学生的唯一标准，坚决克服"五唯"倾向。同时，教师命题也具有艺术性与技巧性。

2. 教学能力

教学能力是指教师为了实现课堂教学目标，并获得课堂教学效果应该具备的潜在的能力。这种能力由多种具体的心理因素所构成，体现出教师对完成课堂任务的直接有效性的心理特征。教师能力与课堂教学活动紧密融合在一起，并在课堂教学中得到体现。由于这种表现是外现的、可观测的教学行为，所以可以通过教师在课堂教学活动中的表现来评估教师教学能力。在此处，课堂活动指所有在课堂教学过程中能够直接观测到的老师的行为，如教师课堂语言表达、板书的书写、教师提问、对课堂的管理与组织等活动。

第二节　教师的校本发展

高质量教师发展是高质量学校发展的条件与基础，高质量的教师专业发展是教师发展的核心内容，其生长点主要体现在教师的教学实践、教师科研、校本发展等方面。所谓"校本"就是以"学校"为本,以"学校"为基础,为了教师与学校的发展。它对教师专业发展的意义和作用绝对不亚于职前培养,能够有效调动教师再创造再学习的激情,有助于教师科研能力的提高,为教师职后发展提供平台,因此,被认为是融合了教育理论的普适性和教育实践的独特性,开辟了教师教育与发展的新纪元。

教师的校本发展主要是要教师立足本校自身条件,发掘校内教学资源,以校内为主要战场,借助校内与校外合力,有效克服教师专业化发展的阻碍。在我国的学校教育体系中,特别新课改实施以后,各个学校都十分重视教师研修与培训工作,但客观地讲,大部分学校由于条件限制,教师的校本培训效果并不令人满意。校本发展的主要形式是校本研修,是指以教师工作中存在的实际问题为切入口、着眼点,以学校与教师的发展规划为基本方向,以满足本校教师的专业发展需求为根本目的,以学校现有的资源优势为主要依托,在教师自我反思的基础上,在教师发展共同体的相互影响下,在教育专家的专业引领下,由学校自行设计与策划安排实施的一系列、分阶段、有层次的教师教育与教育研究有机融合的过程与活动,其核心是学校教研、科研、培训一体化,主要形式是专家引领、自我反思、同伴互助。

一、根据专业要求确立培训目标

(一)强调教师的课程意识

传统的教学是以教师为中心的,重教轻学是其显著特征。在校本培训中,首先要改变教师传统的、僵化的教学观念,因为教师的观念会决定教育质量观。教学质量的关键在于课堂质量,课堂质量的高低取决于教师,教师要树立新型课堂教学质量观,这是学校生存与发展的基础。具体来说,校本培训中要让教师树立一种观念,既要重视教的意识,也要重视学的意识,课堂教学是教师的教与学生的学所共同组成的双边活动。教师起着引导、指导作用,帮助学生主动发现知识、获取知识。教学不仅要让学生学会知识,更要让学生学会学习。尤其在现代信息化社会,知识更新速度前所未有,信息量也大得惊人,倘若以学生有限的时间去掌握无限量的知识,显然是不现实的。教学中一味强调知识的掌握,很可能把学生培养成一个知识的储存容器。因此,教学中更应该强调让学生学会学习,正所谓授之以鱼,不如授之以渔,学会学习,学生就能触类旁通,举一反三,那么学生的学习负担相对较轻，学生也能感受到学习的乐趣，不会产生厌学情绪。同时，教学不仅要让学生掌握知识，还要让学生的综合能力与素养，尤其是教育强国所需的创新意识、创新能力、实践能力等都得到发展。新中国成立以后，我国的教育体系受苏联影响较深，尤其是凯洛夫等人的教育思想。凯洛夫的教学论认为教育的基本途径是教学；教育的任务可以归纳为五育，但是智育即教养，应占第一位。在这样的教育观念的影响下，教学被认为是智育的代名词，重知识轻能力、重教轻学、重结果轻过程、重智育轻德育等现象有了存在坚实的理论根基。针对这种教育现象，校本培训中要彻底扭转教师的课堂教学观念，既要教学生学习方法、又要强调学生能力的培养，一切教育都是以学生的发展为目的，以学生的综合素质的提高为标准。

（二）提高教师的专业技能

詹姆斯波特以终身教育为理论基础，提出了现代教师教育的三阶段理论，即职前教育阶段、试用阶段、在职教育阶段，率先提出了职前培养与职后培训一体化的思想。职前的师范生培养和职后的校本培训相互衔接，但是侧重点不同的。师范生的培养重点是基本教学知识与能力的掌握，在职教师的培训则强调技能的提高与知能的进一步深化和完善。教师专业技能的提高主要表现在对于教育活动设计、教育活动实施、教育过程的组织与监控和教育评价等方面的把握。在教师培训中也要适当对在职教师的知能进行深化、完善、熟练化，以先进的操作性的理论为指导，加深受训教师对实际教学的理解。在校本培训过程中，可从基本教学技能和课堂教学能力两方面，促进教师进一步了解和掌握教育教学工作中的基本技能与能力。在基础教学技能方面，着力促进教师提高引导技能，唤醒学生的注意力，从而激发学生的学习兴趣；提高强化技能，及时地对学生合理的复习情况予以奖励；提高提问技能，适时了解学生的学习状态，启发学生的思维，提高学生参与课堂教学的积极性；提高交流与表达的技巧，能更顺利地对学生做出个别辅导与作业辅导等。在基本课堂教学能力方面，着力促进教师提升课程设计能力，从而能够综合地运用知识理论与现代教育技术，概括课程标准、设计课堂、使用课件、编写教学计划、编制课件等；增强课程实践的能力，可以合理地进行教学计划，并按照实际状况调节课堂情境，因材施教，机智地解决课堂教学上的突发事件；增强学习评估检查能力，可以提出评估目标和评判准则，查阅评估资料，选定并使用评估方式和评判工具，以便掌握学生的学习状况，并通过反馈信息来补救或改善课堂工作。总之，提高教师的专业技能，让受训教师在理解教育的基础上,正视教育教学工作,理性地分析教育教学现象,运用熟练解决教育问题,从中获得自我归属与成就感。

(三)健全教师的专业情意

学生是正在发展中的人,具有明显的"向师性",教师的一言一行、一举一动,学生都会跟着模范,这正因为如此,才要强调"学高为师,身正为范",要求教师具有以高尚的人格魅力和学识魅力,要永远牢记自己的神圣使命,做到为人师表、言传身教,要有健全的专业情意。专业情意是教师专业发展的重要组成部分,著名教育家陶西平认为教师的专业情意是教师对教育事业的情感态度与价值观的融合,是教师职业道德的集中体现,是教师专业发展的原动力。现有研究也已现实,教师专业情意越高,教师专业发展的能力就越强。学界根据布鲁姆的情感目标分类,把专业情意分为专业理想、专业情操、专业性向、专业自我四个方面。

教师的专业情意是教师从事教育工作的内在动力,与知识、技能的习得不同的是需要教师挖掘自身的动力系统才能产生,在教师的众多素养中起着关键性的作用。和社会上其他职业相比,教师的工资待遇不高,因此,我们有理由相信选择师范教育专业或者教师职业的人应该是有教育情怀的人,是有职业规划与职业理想的人。那么,校本培训就要通过教师的专业理想提升教师的职业认同感,加深教师对教师职业价值的理解。职业认同是教师从内心深处接受、承认社会对教师职业的要求并内化为自己的行为。教师的工作态度及教师对教育事业的接纳程度能够反映出教师对职业认同的程度,具有职业认同的教师往往是有责任感的教师。因此,引导教师体会教师职业的荣誉感、成就感,进一步领会教师职业的基本准则和专业性要求,巩固和强化愿意投身于教育事业的志向。

其次,要通过专业情操提高教师的情感体验。专业情操是教师价值观的基础,是专业情意发展成熟的标志,一位没有专业情操的教师,每天的工作如和尚撞钟一般,枯燥无味。因此,校本培训中要让教师明确"传道、授业、解惑者"的责任与爱,要引导教师对自身的教学经历做正面反思,感受其中的喜悦和成就,领悟教育职业的崇高与伟大;还可以激发其来自自身教育理论进步和教学能力提高的积极情感体验。校本培训中利用身边、可见的真实的优秀教师的事例帮助教师强化教育情感,以引起教师心灵的震撼与感动,加深其对教育事业与学生的热爱、理解。

再次,通过教师的专业性向提高教师教学风格。包括具有奉献精神、有共情能力、有见识、有洞察力、幽默风趣、乐观积极等特征。例如,针对孩子犯错误,具有良好的专业性向的教师对问题的处理的方式与普通人不同,他们会耐心的倾听孩子的心声，了解问题产生的原因，会巧妙纠正学生的认知错误和行为偏差，并用发展的眼光对其提出殷切的期望，等等。由于教师具有共情能力，能够理解、尊重学生，因为也得到了学生的尊重。

最后，通过专业自我提高教师的个人魅力。教师的专业自我体现了教师对教育工作的自我感受、自我满足和自我信赖，是教师对教育工作的肯定和接纳。当教师接纳了教育与学生，就会乐于学习、乐于帮助指导学习，对于学生提出的问题会不厌其烦地解释，这是解决教师职业倦怠感的一剂良药。

二、多策略提高教师的教育研究水平

"不教课，就不是教师；不搞科研，就不是好教师"非常中肯地说明了教学与科研对于教师的作用。那么，教学与科研到底是什么关系呢？学界普遍认为教学与研究是相互促进、相互成就的统一体，是教师专业发展的两翼。只教而不研则浅；只研而不教则空。如果一个教师只顾着埋头教书，不搞研究，那么即使这个教师取得了一定的教学成绩，我们也敢肯定地讲这种进步是暂时的、肤浅的、短视的。因为一个不愿意思考、不善于研究的教师，怎么可能培养出具有创新性思维与批判性意识的学生呢？这种教学成绩的取得很大程度上是依赖于学生大量的机械式、重复性的做题，是通过时间加汗水式的努力换取的成绩，没有多少含金量。这种教师培养的学生仅仅式"做题家"，而"做题家"是无法成为具有核心竞争力的创新型人才。反过来说，脱离教育实践的科研犹如无水之源，无本之木，绝对是空洞的、无效的、干瘪的科研成果或者科研理论。没有教育实践，何来教育感悟与教学反思，这样产生的研究成果又如何能够指导实践呢！

众所周知，一线教师的任务既重又多，既要教书，又要育人；既要备课，又要批改作业、辅导学生；还要迎接各种检查、参加各种会议与活动；等等，再加上学校对教师的考核关注的是教学成绩，导致一些教师无暇顾及科研，只有评职称的时候才会临时抱佛脚的重视科研。还有一些教师平时只教书，不反思，认为干好本职工作即可，无须搞科研。在教学实践中，我们发现大部分教师的教研能力非常欠缺，因此，亟须提高教师的教育科研水平与科研能力。

（一）认知策略

很多教师对科研工作有畏难心理，认为科研很难。实际上，处在教学一线的教师，每天面对鲜活的教育对象即学生，经常会遇到这样或者那样的问题。教师为了更好地进行教学就必须处理好这些问题。如果教师能够把这些教育现象收集起来，并结合一定的教育理论进行分析和提炼，这其实就是在做教育科研。所以，学校应该做的是给教师搭建这样的平台，营造科研的氛围，改变科研很难、很高大上的固有观念，让教师认识到科研存在于每天的教学生活之中，并不需要特意另辟蹊径才能完成。学校应该注意培养科研典范，形成科研共同体，引领其他老师步入科研的大门，引导老师慢慢尝到做研究的甜头，逐渐养成良好的科研习惯，这样老师的积极性才被调动起来。

（二）问题研究策略

很多教师有心做科研，但是却不知该从哪里着手，缺乏问题意识是关键性因素。问题是教育科研的切入口，中小学教师从事教育科学研究的目的要解决教师教学实际中的问题，优化课堂教学，改善课堂教学，从而促使学生身心健康发展。在这种意义上讲，教师从事教育科学研究的基本思路是发现问题、分析问题与解决问题。针对教师在实践中面临的困难，我们分成三种情况：一是现实意义困难，就是直接面临的、不得不采取措施加以解决的困难；二是教育精神困难，就是把教育思想、教学理念、教育成果转变为教育实施过程时所面临的具体的困难；三是反思性问题，是指具备"问题意识"的教师，为了提升自身的教育科研能力与科研水平，反思自身的教育活动而出现的困难。校本研究过程中，要引导教师善于总结，及时记录教学中出现的各种问题，与教师共同研修，探究问题的解决方法，形成研究性反思课题，实现科研水平的提升。

（三）教研协作策略

教学与科研工作单打独斗的时代已经过去，21世纪的教师都明白，一个人永远干不过一个团队的道理，$1+1>2$的效应也早已深入人心。集体备课、合作教研、全员育人几乎是每个学校的常态。因此，发挥教师队伍的整体效应和合力，实现教研协作是整体提高教师科研水平的重要措施。

1. 培养教师的集体效能

教师的集体效能是影响教师教学效果的核心因素之一，也是提高教师科研水平的关键因素之一。教师个人素质是学校师资总体素质的基石，教师个人素质只有渗透到师资素质的整合之中，才会形成集体效能。任何一个学校都有优秀的师资个体，要形成典范，通过优秀引导一般，最终形成比学赶超的科研氛围以及教师们都愿意也喜欢从事教育科研的局面。一旦科研协作机制形成，群体中的每一个人都能发挥向心力，自发服务于一定的科研目标，形成强大的科研合力。

2. 开辟教育科研合作渠道

科研合作渠道依赖于集合式组织管理。学校的教育科研工作来源于学校所面临的各种问题，这是教育研究的出发点，也是落脚点。由于科研问题的影响因素错综复杂，涉及家长、学生、教师、学校管理者等众多主体，单纯地从某种理论入手或某个侧面进行探究，往往因解决问题的针对性不强而面临效率低下的后果。鉴于此，可以通过集合式组织管理，聚焦重点问题，集合众多主体，大家集思广益探寻解决问题策略。

科研合作依赖于科研共同体。很多从事过教育科研的老师深有体会，申报课题时不知道该和谁合作，好不容易组建的课题团队，挂名不出力者居多，还有纯粹搭便车者；课题撰写遇见问题也不知向谁求助。这种现象在中小学十分的普遍，因此，学校亟须成立科研共同体。科研共同体的形成是基于一定的问题，大家有共同的困惑与需求，因而能够集体协商共同寻找资源与问题的突破口，共同探讨研究方法等，切记不能把教育科研当作"拼盘游戏"，大家领取各自任务，依然单打独斗，这显然违背了"共同体"存在的价值。

科研共同体就是要集体协商、共同探讨，彼此分享，有效沟通，有助于教师学习他人的优势，提高自我反思的能力，改进自己的教育教学工作，破除对专家的迷信。

（四）信息网络策略

随着教育信息化技术的推广，很多学校建立了自己的校园网站，微信群、QQ群、公众号等，甚至一些教师利用直播平台等自媒体进行教学与科研经验分享，而且影响甚广。信息化时代资源获取的多样性和便捷性为教师利用网络媒体资源备课、阅读文献带来了很大的便利；教师能向家长及时反馈学生的学习状态，家长们也能够通过班级微信群随时了解孩子在校的学习情况；教师之间也能快速高效地沟通，解决问题的时间大大缩短等，这些都有利于教师科研水平的提升。

（五）机制保障策略

1. 督促机制

惰性是人的一种心理状态，也是人的一种本性。犹如教师自己要经常检查学生的作业才不至于学生不好好完成作业一样,教师本人作为学校的一名职员,他们的工作也同样需要学校的检查和督促,尤其是教育科研工作。所以,学校布置科研任务的时候,要考虑到教师工作任务重,任务多,也考虑人性的影响,必须对教育科研任务做出具体明确的要求,并派人定期检查督促,发现教师在科研进展方面存在困难,要及时提供帮助。

2. 激励机制

激励机制是为了满足人的各种需要、调动人的积极性,以充分发挥人的智力效应,教师同样需要激励,同样希望学校能肯定其教育教研的成绩,赏识教师的科研能力。而科研是一项复杂的脑力和体力劳动,需要教师能够潜心研修,因此学校要尽可能地减轻教师其他的事物性的负担,为教师从事科研提供各种平台与便利,为教师从事科研提供必要的设施设备、经费支持、情感支持等。

3. 评估机制

对教师科研水平评估包括教师自我评估和他人对教师的评估两个方面。首先,教师对自己要有正确的认知,要能知道自己的短板和优势分别是什么,那些课题是自己感兴趣的,那些方法是自己擅长的,只有做到扬长避短,才有可能搞好科研工作。其次是他人对教师,尤其是学校对教师科研能力的评估。这种评估不是要单纯地评价谁是优秀教师,谁是及格或达标教师,而是要与教师共同剖析科研工作中的成绩、缺点,并提出改善计划,以推动老师专业发展。

对教师科研进行评估,首先要从教师的研究领域、研究手段、数据搜集整理、研究水平及其在科研活动中角色与作用等方面加以评价;其次是评价教师的科研成果,评价时必须明确研究成果的类型是多元化的,包含特色性的课堂教学、研究文章、科学研究成果等;还要明确科研成果要有科学性、创造性、实用价值,要能够指导本校的教育教学与实践工作等。最后是考核评价教师的科学研究能力,包括文献查阅综述能力、科研撰写能力、科研表述能力、科研应用能力等。

为了评估工作高效、便捷,学校可以组建教学科研工作评估小组,定期、有意识地检查本校教师教研的状况;举行碰头会或者总结大会,向全体教师汇报科研工作的进展情况或者完成情况;对取得成效的、进步较大的教师要加以奖励。评估小组把科研评估的结果反馈给教师,有利于教师及时调整工作进度与方向,扎扎实实从事教育科研工作,真正促进教师整体教研水平的提高。

第三节　教师专业发展的阶段

一、预备阶段

这一时期也是师范生教学前的准备期,是一个人进入师范院校的最初教育阶段。这个过程尽管是预备师范生的接受教育过程,是师范生专业成长的基础和条件,对师范生职业生涯有很大作用。

（一）富有理想和抱负

这个时期的预备老师往往还扮演着学生身份。因为没有教育从业经历,学生往往对老师职业产生了向往和渴望,或者幻想老师教学过程是怎样的,又或者想象着自己可以成为他（她）们理想中很棒的老师。根据作者对六十一位全国、省、市优秀班主任的问卷调查显示,百分之36点一的优秀班主任在谈到学生自幼或中小学念书的时候就仰慕老师,特别喜欢教师职业,从而参加了师范院校,希望成为受学生喜爱的优秀教师。上大学以后的教学基础、背景与经历,对师范专科学生后来的专业成长产生了很大作用。从某种意义上讲,师范专科学生的个人背景也是影响学生走上教育事业的一项关键因素。每一位师范生,作为教师的自我观念都和自己原先的人生以及学习生活都紧紧联系,并影响未来的职业生涯。在中国师范教育中,对师范生的从教思想作用很大的是教学实践。日本研究者曾经对许多学校的教育系毕业生进行了有关从事教师职业意愿的跟踪调查。这项研究分三次进行,一次在毕业生刚入校前,二次在教育实习以前,三次在教育实践以后。调查表明,毕业生在实习中从事教师职业的意愿和刚入校时相比几无改变,亦即入校时想要当老师者实习时仍要当,而入校后不想当老师者实习时仍不想当。但是,学生们在社会实践前后对从事过教师职业的意愿却出现了较大不同,百分之九十的毕业生都出现了积极转变,即原本不做过老师者现在有了从教的愿望,而原本就已经有了从教志向的人在实践后则意愿更为强烈。为何教学实践性具有如此大的作用？笔者以为,或许教师实际给了我们一个做教员的欢愉体验和体会,或许从某些层面上,经过实践,师范学校学生已经认识并掌握了学校教师职务的某些社会价值与意义。不过,必须注意的是,由于这一研究主要是在日本开展的，其成果是否有利于其他发达国家，还有待于继续开展的研究。我们相信，不排除部分毕业生在实践中遇到困难、经受失败后，不愿意参加教师职业或改变了自身从教志向的可能性，但中国并不是每个师范生都愿意从事老师岗位。

总之，在本阶段，所有有志于从事教师职业的学子都满怀着对未来教育人生的向往，有思想，有激情，有创新，积极进取，奋力前进。

(二) 具备一定的理论知识和教学技能

师范院校的毕业生虽然没有教育经历，但刚步入学校时他的大脑也并非空白。因为接受先前教育、父母培养以及社区文化等诸多因素的作用，学生已产生个人的信仰、想法以及对各种问题的认识与判断能力，并以此来理解人生社会。学生原有的人生体验、经历以及家庭教育背景有助于学生建立理想教育的思想与理想。洛蒂认为师范生通过他们的体验，对教育职责有着具体而详尽的了解；师范生是带着自身所拥有的教学模式参加师范教育的，这种教学模式非常深刻地反映在自己的认知里，以至于学生拒绝与其所拥有的老师身份认知不相符的方式和教学内容。在学生接受师范教育阶段，师范生的一切进展、改变很可能都仅仅是表层的、肤浅的，甚至只是学生为了满足对学校老师的期待，而做出的敷衍之举。学生绝不是天真的、被动的，而是可以被学校老师和社会实践指导人依照一定的教育模型铸造的。因此学生可以通过自身对社会生活和教学过程的洞察、了解和认知，而逐渐走向社会性和专业性发展的路径。师范生可以选择某些课程、专业，通常取决于其在进入中小学后对该课程感兴趣或该专业的成绩优秀。在本科阶段，学生通过选择性预习与阅读，在学科方面进行深入与拓宽，打开学科眼界，了解丰富知识，形成相应的学科素养。

二、适应阶段

学生时期是师范生任教后的第一个阶段，也是师范生进入社会，作为真正的社会工作人员，初次担当班主任职责的阶段。这一时期是初任老师实现从师范生向正老师地位过渡的阶段，是学习理论知识和社会实践的"磨合期"。其间要求教师在学习的实际过程中对理论、实际情况及其关系等做出"反省"，同时要求老师从认识、信仰、态度以及行动上有所调适，以减少或者克服学生对班级活动中的不适宜。在此期间，初任老师的主要任务就是在课堂教学中为求生存发展，努力寻找应对对策，并不断地调整个人的课程方向，从而逐渐地适应了老师工作。适应阶段的期限根据师资差异而变化，有的老师一年就可以适应，但部分老师要2~3年，或者更长时间。在本时期，不少的初任老师都会面临各种问题与挫折。对于一些适应期较长的教师而言，本阶段很可能是既令人苦恼但又难以忘怀的。

（一）从浪漫的职业梦想走向了复杂多变的教学现实

初任老师所固有的各种空想、乐观主义，以及丰富的思想、新鲜感，所具有的信仰、意识、人生观以及有限的专业技能，在错综复杂的教学实际情景中，都常常变得无力、无助和无奈。一些初任老师在刚开始作为老师时雄心勃勃，并想当然地以为只有自身知道多、学得多，就可以教育好学生。但随着教育问题的日益出现，学生们也会深切地感受到作老师的辛苦，甚至在连续性的失败或挫折面前对自身是否胜任教育工作产生了质疑，从而对自身承担的老师职务更加缺乏了自信。而在事实的无情打击下，初任老师也必须对自身原来的教育理念、信仰、人生观等加以检验、总结与反省，以便于选择是否进行改变。调整以及修订到什么程度，要取决于这种理念、信仰、人生观预先建立并稳固的程度，或者取决于新教授在专家同行身上得到的新经验。

尽管在这个时期初任老师的教学目标落空，不过由于有一个适合自己的课堂和时间，可以根据自己的理念设置课程，从而也显示了主动、积极的一面。这些初任老师不乏全新的教学方式，并在课堂的教学改革中探索出新教学方法与措施。

（二）从教育实践知识与智慧上的缺乏到教学中应用策略上的问题探索

由于对课堂教学实际的研究，初任老师就发觉课堂教学中的不少困难单纯凭借预备时期已掌握的基础知识和课堂技巧是难以解决的。在实际教学中，学生们总是按照理论原则解决各类实际问题，而缺乏针对性与灵活性。

对于初任老师而言，由于学生需要对课文内容、学科知识等加以理解、掌握和内化，因此其间少不了高深的教学理论，把内容化为学生最容易了解和学会的知识也并非件易事。学生想在自己的时间和空间里完成教学而不被人或物影响。另外，老师在进行教学中希望掌握一个学校的整体情况，希望了解学校各个人员的学习情况以及人际交往等。但对于初任老师而言确实非常艰难，由于自身教育实践和教学环境掌握不够，课程领悟和理解力薄弱。正因为初任老师没有对课堂教学状况的了解意识,没有敏锐的洞察和判断力,对课堂可能发生的情况缺少相应的预测,所以他不能正确地通过话语和动作引起或控制学生的注意,不能运用灵活多样的教学策略,不能持久地维护课堂的基本秩序,不能对课堂偶发事件予以灵活机智的解决,反而就容易在解决问题的行为中激化矛盾,引发课堂教学矛盾,从而长期停顿课堂,不能顺利完成课堂工作。有时,人们也常常对意想不到的事情和困难而不知所措。实践知识与智慧的缺乏使许多初任老师在传统观念、封建的教育思想的控制下主张控制,提倡严格管理。这样很有可能引起孩子心灵上的过分焦虑、不安与沮丧,引起抵触情绪,产生矛盾对抗,使教师内部的沟通无法实现。

在这一时期,因为缺少教育思想,缺乏自信与灵活性,同时又会面临烦琐的课程、管理和上级的监控与审查,使得不少初任老师觉得压力巨大,进而显示出不安与焦虑心态,并忧虑如何在这个全新环境中存活下来。但是,对于大部分老师而言,随着知识的累积与能力的提高,这一改变与适应过程将逐步完成。在教育实战中,初任老师将逐渐了解、运用与整合课程内容和方法知识,领悟实际环境中的应用法则,丰富情境的安全知识,部分老师还将突破常规,依情况采取行动,让课堂更加灵动自如。随着实践意识与能力的提高,初任老师会有更多自由支配的业余时间,并在课堂上探索运用有效的方法。

三、迅速发展和稳定阶段

教师在经历了适应期之后,原决定留职的青年教师也逐渐步入了学科发展的快速发展阶段,之后又进入了稳定期。而我国针对中小学教师课堂效能感受的研究结果也表明,教师对自身的课堂技能评估一直随着年龄和教龄增加而提高,36~45岁年龄段和9~24岁教龄阶段的教师自我能力评估比例最高,但以后则随着年龄的提高而有所下降;而教师在影响学生和学校发展的能力评估方面,也一直呈现出随着年龄增长而上升的态势。一般来说,中小学老师在三十六岁以前一直呈现出随着年龄提高而提升的态势,在36~45岁时达峰值,在46岁以后则随着年龄的提高而下降。教师队伍的迅速发展壮大阶段因学生性别、学历差异而有所不同,因学生学术背景、环境条件等差异而也有不同。但教师队伍专业发展的固定时间也是相对的,时间的长度在较大程度上取决于老师的主观努力,以及学生的环境。

(一) 专业信念逐步确立

随着教育实践的深入,教师逐渐正确认识并掌握教育职业的意义与作用,感受到教育职业的快乐。他或从帮助儿童和他人中获得快乐,或从教育突出表现中取得成功,或从儿童和谐成长中得到满足感。教育专业理想会随着教育理论知识与实践的积淀而逐渐明确,不再在各种职业中踯躅不前,而决心倾向于教育行为,而将大部分时间与精力投资于教育事业之中。一般而言,在这时期绝大多数教师有很高的教育责任心,追求进步,事业热忱,关心学校,对国家怀有很大的希望。而且,随着教师教育年限的增加,老师的思想观念、价值取向、审美意识和教育行为都逐渐稳定,职业特点和教育教学模式也更加完善,其对自身实现教育目标的能力以及对教育学生的信心也逐步形成。但是,必须说明的是,因为从事教师职业的原因不同,老师的学术精神、价值取向也会存在着很大差异。

信心是指教学行动的方向性、原则性和持久性。一旦学校教师具备了"我必定能教好学员"的信心,将会对其教学活动造成正面而深刻的影响,这个信心也将会变成其专业成长的持续动力。一旦教师具备"一个班的学生总是有好有坏,教师不能把每一个学生都教成好学生"的信心,就可以摒弃对学业差孩子的教育。而在此时期,如果教师仍不能建立准确而合理的专业信念,则势必对学生课堂上造成消极影响,也就无法真正行使老师的应有权限。

(二) 实践知识和智慧逐渐丰富

由于长期教学经验的累积,老师们可以根据课程目标、教学特点以及学生特征,恰当、灵活多样地使用各种教学方式与技巧,从而充分调动了学生们参加课堂教学活动的积极性。随着教学实践知识与智慧水平的逐步提高,老师的教学情景性知识与实用性认识也越来越丰富。老师已经对教学情景性有了直观的掌握,可以综合地辨识教学情景的相似性,准确地预测新事物,以非分析性、非随意性的思维方法,理智地对事情做出准确而合理的反应。一些学科成长较快的老师逐渐打破了课堂规则的束缚,把课堂规范内化,并根据情况灵活把握规范,最终建立自身的教学模式与专业品牌,显示了教师自信。但是,在教育专业成长历程中,并不是所有的资深教师都在教学上对所有情况的管理都游刃有余,也并非每个新手老师都没有管理孩子的好方法与能力。其特点就是成绩较好的老师擅长在具体决策中运用自己积累的专业知识,但有的老师虽然已经参加教育事业数年,却还没有到达这个高度,从而使得学生在政策中迷茫或犹豫,即便是出台政策也变得不够完善。可见，我们应该不断地积累信息和经历，不断地反省和总结，从而认识到这些总结与反省的意义所处。

（三）专业角色渐进形成

在本阶段，很多老师已经在课堂生涯中逐渐脱离了对他人的依赖性，并开始逐渐产生了创新意识和独立精神，从而可以更加独立、自由地进行更复杂的教学工作，并担当更多的社会角色。

作为管理人员，学校教师们随着学校管理工作经验的积累和学校各项制度的形成，逐渐熟悉了各项科学管理办法，以便采用适当的科学管理措施，以稳妥地解决各类偶然问题和学校问题的。多数教师已逐步变成了一种相当成熟的对学生学习动机的激励者。他可根据学习者发展需要和特点，采用各种渠道和方式，营造支持性的教育环境，并制定符合学习者特性的动力激励策略，以便于充分调动学习者参加的主动性，如适应学习者的个别需求，提高教师对学习者的个别兴趣，破除学校令人厌倦的教学常规等。

他们在适应时期后，逐渐转变成有效的教育工作者。他们要全面掌握学校情况和孩子的个体差异，并根据学校的实际需要和课程特色，合理地将教学、探究、问题、展示、分组学习、讨论教育、团队学习、角色扮演、个别辅导等活动有机地组合起来，以调动孩子的兴趣，实现教育理想。而作为孩子成长的主要引导者，老师们不但要关心他们的语言学习、能力的成长和学业的提高，同时还要关注他们的情感成长和人生观的建立。优秀教师应意识到自己的使命是培育全面健康的孩子，认识到他们的心理健康和他们的学习同样重要，所以他们关注孩子的学习，观察他们心态的转变，知道他们人生的问题或痛苦，帮他们妥善解决问题，担任他们学习的向导、人生的咨询与参考。

五、持续发展阶段

经历快速成长的发展过程以后，教师提升学术能力的步伐显得较为迟缓，但是部分教师仍在强大的职业成长驱动力和优越的成长条件支撑下，在科学而可行的教育发展方法与政策推动下，长期保持了持续成长态势。也有部分教师，虽然遭遇过教育发展的"高原期"或停顿和萎缩时期，但通过个人的主观努力和来自社会多方的关怀、帮助，克服了高原现象，并做到了不断提高。

（一）教师信念的反思与重建

时代的发展、社会的变化也向老师们提出了全新的挑战。一方面，社会上对老师们提出的需求更多、更高，而另一方面，学生的身体发展也随着社会前进而有了出新的特点。过去的好老师，现在看来也不见得就是好老师，而现在的好老师，将来也不见得是。所以可以说，对于好老师的标准，在不同的时代有着不同的答案。所以，不论是处在快速发展与稳健阶段的老师，或是处在停滞不前与萎缩阶段的老师，都需要对自身的信心体系予以深入的反省，对已形成的课堂知识的信心、面对学生的信心及对自己能力与自身发展的信心进行检验、评估，改变一些不恰当或对课堂实际产生消极影响的信心，甚至必要时要对自身的信心体系进行整理和重构。这的确需要老师的才智、胆识、智慧和勇气，也需要老师强大的职业成长驱动力，尤其需要老师对教育工作和孩子们执着的热爱。我们只有全面地认识、了解并深入地掌握教师职业的意义与作用，才能在实践中身体力行，才能对自己最后变成什么样的老师发生正面作用。教师有了正确和坚强的信仰，就是再不利的历史条件中，也要用自身的良心尽教育责任，担当起祖国和社会赋予的崇高责任。

教育职业生涯，是为了终生教学而不断追求教育卓越的人生。约翰古德莱德（John Goodlad）指出，"学习与如何教育，这是选择了教育工作的人一生的重要任务。当一个人教得越多，也学习得越多，就越了解到老师与学校之间以及教育与学习之间有何等复杂的关联。对最合理的平衡的探索，是永远都无法终止的。"一个教授型老师或学者型老师除具备专业领域内的专业知识与能力之外，还必须具备丰富的教学理论修养，宽阔的教学发展眼光，敏锐的教学思考能力，以及过硬的教学专业技能。但学生始终无法满足于自己的教学，要继续不断地加以探究，并探索更多创新的教学方法与手段，以改进自身的课堂教学，进而建立自身独到的教育理念与教学模式。正是在这些"不满意"状态的刺激下，学生才能进一步寻求专业发展，从而达到个人不断发展。老师的继续发展也需要良好的发展环境。一般来说，较好学校的老师和普通学校的老师比较，会更不满足于自身的教学效果和学生的现有学习成绩情况，但他们还是会彼此督促、共同辅导，甚至一起研讨、共同制定课程计划。这才是为什么国内有名学校人才辈出，聚集了大批的学术型博士或卓越导师。诚然，良好的发展平台鼓励了老师持续地成长与进步，但学校管理者、员工、甚至学校也需要为老师的信仰重新回归一个"镜像"，为老师信仰的重构提出有益"参考"。而老师的终生学习与对教育卓越的孜孜追求是教师职业的必须需求，也是老师完美教学人生与幸福生活的必然选择。

（二）专业角色的不断调试

教师角色是由学校特殊时期的教育活动赋予的，所以随着社会发展和学校变化，老师角色也必将改变。因此教师应通过主观努力，在学校良好的成长环境的启发与帮助下，逐步改变自身的教师角色行为，以顺应变化的社会与学校发展的要求，不断适应学校发展要求与社会的发展期待，从而更有效的履行职业义务与使命。这个时期教师除承担一定时期的职责之外，需要担当改革家、学者、反思性实践者的职责。必须说明的是，这种职责虽然没有在其他时期不需要或不必须履行，但是在这个时期，这种职责对于教师的成长有着特殊重大的意义和作用，成为教师不断成长的基石。

身为变革者，专业型教师或学术型教师往往更容易接受新鲜东西，乐于为了更好地适应每个学习者的需求而改进自身的教学。不过，对一些正处在停滞不前和倒退时期的老师而言，尽管他们已经意识到有意义、也有职责开展教育改革，但并不愿意变革自身的一些传统教育习惯和做法，或者失去了和这种习惯与做法联系在一起的某种既得利益。而这种老师往往对变革抱有惧怕情绪，惧怕放弃自身所掌握的教育经验，对组织、推进改革自信度不够，又或者觉得变革将会浪费了自身太多的时间和精力。所以，老师实现持续发展必须挑战自己，乐于接触全新的教育生活，乐于和学生们分享自己的教学观点，并能给学生创造良好的教学环境，以便于更自信地和学生们一起发展。

作为学者，老师必须既具备课堂教学的机遇与条件，又具有教育科学研究的实力。斯腾豪斯认为，老师是课堂的真正负责人，从教育实证与科学研究的角度看，课堂正好是检验课堂理论问题的完美试验室，从自然观测的视角，老师就是当之无愧的最高效的现实研究者，但不管老师从哪个视角认识课堂教学，都必须承认教育中具有大量的科研机遇。而这样的科研机遇又需要老师更加全面地掌握与运用，因此学者型教师就是充分运用这样的机遇与自然条件，针对课堂中出现的理论问题展开深入研究，以便于不断地改善课堂。在指导授课中，有些杰出老师或专业型指导人员不仅能够检验别人的教育思想或假说，并且有能力发现并发展隐藏于教育课堂活动实践背后的教育思想，进而改变别人的教育思想，升华出自己的教育思路和假说，从而建立自己的教育思想。中国国内不少知名老师和指导人员，就是通过在指导课堂中不断地钻研与探讨，才使他们的教育课堂实践活动更加合理而高效，他们的教育思考也显得更加丰富而深刻，最后才成为指导课堂中讲授技巧的创始人和实践人,以及指导课程的主要学者和思想家。学生在不断的探索中既使他们得到了良好的成长,也成长了自我。

第四节　在线教师专业发展

在线教学源于文明的进步和教学的演进。相对于传统教学,在线教学有"变"也有"不变",有优势也有不足。在线教师以在线教学为主要手段,已经演变成为专门的职业。在线教学知易行难。因而,在线教师需要增强自身的修为,促进自身的专业化发展。

一、在线教师之职业

(一)在线教师之内涵

"师者,所以传道授业解惑也。"教师作为人类社会最古老的职业之一,对于人类社会的发展起着积极的推动作用。教师的教学既是"成人之美",也是"成己之美",更是"成社会之美"。教师通过培养学习者,使其成为德智体美劳全面发展的社会主义建设者与接班人,教师成就学习者,是"成人之美";教师通过投身教育事业,实现自身的事业成长,成就自身的一番事业,是"成己之美";教师通过投身教育事业,培养对社会有用的人才,促进社会经济的发展,成就社会发展之大事,是"成社会之美"。

在线教师是随着在线教学发展而产生的全新职业。在线教师是指以线上教学为工作主体的教师。在线教师虽然也会承担线下教学工作,但是以线上教学为主要工作内容和工作职责。对于从事网络教育与开放教育的教师,因为其主要工作是在网络上进行的,故而他们也应属于在线教师。对于以在线培训为主体的培训机构,如果教师主要承担线上教学任务,则应属于在线教师。对于从事普通教育的教师,如果其教学以线下教学为主,线上教学为辅,则仍属于开展在线教学的传统教师;而如果该教师以线上教学为主,线下教学为辅,则该教师在职能上属于在线教师,比如开展慕课教学的教师。

(二)在线教师之分类

教与学的时空分离,使在线教学变得更为复杂。在线教学通常采取体系化教学，比如开放教育的在线教学就是由开放大学总部的教师与基层开放大学的教师协同一体开展教学工作的。因此，在线教学通常以团队作业的形式开展，教学团队成员之间分工明确，相互协作。在线教师一般可分为四种类型：责任教师、主讲教师、辅导教师和导修教师。

1. 责任教师

责任教师相当于项目负责人，对在线课程负总责。其工作职责，一是组建在线教学团队，进行专业化分工，明确各类教师职责，建立促进各方参与的协作机制，负责组织面向团队的业务培训；二是负责课程教学的总体规划，课程教学标准的制订，课程教学设计与教学实施方案的制订；三是负责组织建设在线课程资源，开展线上、线下教学活动，提供学习支持服务，完成课程考核的命题、阅卷、试卷分析工作；四是参与在线课程的教学检查和教学评估；五是负责与在线课程相关的教研教改工作的组织与引领。

2. 主讲教师

主讲教师以讲授在线课程的教学内容为主要工作。其工作职责一是参与在线课程的规划与设计；二是参与在线课程教学内容体系的建设，负责授课视频、音频资源的录制；三是帮助辅导教师熟悉教学内容，引领辅导教师开展教学辅导工作；四是参与课程教学辅导，解答学习者遇到的各种学习问题。

3. 辅导教师

辅导教师主要负责为学习者提供学术性的学习支持服务，包括线上的学习支持服务和线下的学习支持服务。线上学习支持服务包括面向学习者的网络答疑、网络辅导、组织网络学习活动、布置与评阅作业等。线下学习支持服务包括线下的课堂面授辅导、开展学习活动等。

4. 导修教师

导修教师主要负责为学习者的学习提供非学术性的学习支持服务，类似于课程助理或班主任的角色，主要发挥督促学习者学习、解答学习者非学术性问题的作用。比如，在学习者没有及时完成课程学习任务时，导修教师需要通过微信、QQ、电话等交互媒体督促学习者完成课程学习任务；当学习者遇到在线课程教学教务相关问题时，可以为学习者答疑，并能将相关资讯发给学习者群体或个人。如果在线课程的学习者群体较大，比较适合配备专门的课程导修教师；如果课程的学习者群体较小，则可以以专业为单位配备课程导修教师。

在各类在线教师在实际工作中，往往会根据实际情况，互为一体，相互"串场"。比如，课程责任教师可以同时担任课程主讲教师，当辅导教师不足时，也可以作为辅导教师承担教学辅导任务；主讲教师可以承担教学辅导任务；优秀的辅导教师也可以作为主讲教师，建设在线课程的教学内容。同时，各类在线教师作为一个教学团队，工作上也是协同一体的。比如，当辅导教师有难以解答的课程问题时，可以通过与相关主讲教师沟通交流获得问题的解答；导修教师遇到难以解答的非学术性问题，如学籍、考试等时，不仅可以咨询课程责任教师，还可以咨询学校相关的教学教务管理人员。

（三）在线教师之角色

在线教学是近二十年来逐渐兴起的一种教学模式，相对于已有几千年历史的传统教学来说，在线教学只不过是一个"新生儿"，还有很多领域需要在线教师去熟悉和探索。从在线教学的职能看，在线教师集在线课程的设计者、开发者、教学者、评价者、研究者等角色为一体；同时，为了适应在线教学需要，在线教师还应是信息技术的应用者与终身学习者。对在线教师而言，每一种角色都是新的挑战。如果我们将传统的教师比喻成蜡烛的话，那么，对于在线教师来说，其更应该像灯泡，需要教师以更大的能量发出更强的光亮，照亮更大范围的学习者。

1. 在线课程设计者

在线教师首先是在线课程的设计者，需要综合在线课程的各个因素开展全方位的在线课程设计，包括对在线课程的目标、内容、媒体、模式、服务、评价等方面的设计。由于在线教学与传统教学有着不同的教学模式与教学流程，熟悉传统教学的教师不一定能胜任在线课程设计。在在线教学中，以学习者自主学习为主，学习者来到台前，教师退居幕后，传统的课堂授课变成了学习者的网络点播学习，教学实施过程变成了教学辅导过程，在线教师主要为学习者提供学习支持服务。为此，在线教师开展在线课程设计，需要熟悉在线教学的规律、流程、模式与服务等。基于这样的变化，传统教师在转变为在线教师的过程中会面临诸多挑战。

2. 在线课程开发者

学习者主要利用在线课程资源进行学习。在线教师的核心任务之一就是开发

第五章 教师的专业发展

在线课程资源，建构满足学习者的自助式学习环境。在线课程开发不仅包括在线课程资源建设，还包括基于学习平台的在线课程教与学的环境建构。

在资源建设方面，在线教师需要充分利用现代信息技术，基于教学内容建设在线课程资源。在线课程资源建设不是单纯地提供电子版的文字材料或者教学用的 PPT，而是需要将授课内容用最合适的媒体制作和呈现出来，这就要求在线教师熟悉在线课程的内容，熟悉各类媒体技术的应用，掌握内容与媒体有机结合的方法。

在环境建构方面，在线教师需要依托在线学习平台，建构满足教师在线教学、学习者自助式学习的网络环境。这就要求在线教师熟悉学习平台功能，并能结合在线课程的资源与教学特点，进行教与学环境的建构。这种全新的虚拟学习环境的建构，需要教师拥有熟练的虚拟学习环境建构技能与技巧、方法与策略。

3. 在线课程教学者

不同于传统教学以讲授为主的教学模式，在线课程的教学实施主要是为学习者的自助式学习提供导学、助学、促学和督学服务。在线教师通过辅导答疑、学习活动、教学交互、线下面授等方式，帮助学习者巩固、消化、吸收教学内容。在线课程的教学实施，其关键是要充分利用网络信息技术，建构多样化的交互桥梁，为学习者提供各类学术与非学术的学习支持服务。为此，在线教师需要熟练掌握在线教学的流程与方法，向学习者传授在线学习的方法与技术，以不断增强学习者的自助式学习能力。

随着网络学习资源的日益丰富，教师直接传授知识与技能的功能将逐渐被弱化。教师更多起到解惑与引领的作用，帮助学习者实现个性化、自主化学习。为此，在线教师的职能将逐渐从单一的学业导师向职业导师发展，最终成长为学习者的人生导师，为学习者的职业发展助力。

4. 在线课程评价者

相对于传统课程，在线课程的评价环节与评价方式更多。从评价环节看，在线课程评价不仅包括在线课程的教学实施评价，还包括在线课程的资源建设评价、在线课程平台部署评价等。从评价方式看，在线课程评价更多是"数说"评价，可以充分利用数据挖掘技术、智能分析技术、数据画像技术开展在线课程评价，包括线上评价、线下评价以及混合式评价等。为此，在线教师不仅需要掌握传统的教学评价方法，更需要掌握基于信息技术的各类数据化的评价方法。

5. 在线教学研究者

在线教学作为一种新生事物，我们对其规律、方法与技术的认识和把握还远远不足。在线教师不仅要研究一般性的教学规律，更要研究在线教学的规律；不仅要研究学习者的特征，更要研究学习者的在线学习行为；不仅要研究如何让学习者进行自助式学习，更需要研究如何让学习者的学习真正发生。

在教学对象方面，基于在线教学师生分离的特点，需要研究如何去教；由于存在教学的孤独感和学习的孤独感，还需要研究如何能够消除这种孤独感以实施高质量的在线教学。

在技术应用方面，在线教学的手段多样，如何对这些手段进行选择应用？信息技术不断推陈出新，我们应如何选择合适的教学方式？比如现在我们有微信、QQ、课程BBS等多种交互方式，是否需要都推荐给学习者，学习者又是否会感到应接不暇呢？

在教学模式方面，在线教学的模式很新，而且种类也不少，包括线上教学模式、线上线下相结合的混合式教学模式、直播教学模式、面授辅导教学模式等，那么如何基于在线课程进行合理选择和整合，形成适合自身课程特点的教学模式？

在在线教学理论方面，当前专属于在线教学的理论不多，如何进行深入的研究与探索？传统教育中的行为主义、建构主义、联通主义，如何应用到在线教学中？能否发挥它们预期的效果？在线教师进行网络授课时，没有师生的教学场景，没有师生的交流互动，如何才能更好展示教师风采，提升教学效果？

在教学实践方面，在线教学的问题不少，我们如何破解？比如慕课这种开放式的在线教学适应了规模化教学的需要，但学习者的在线学习过程难以监控，那么慕课的教学质量如何保障？这些问题，都需要在线教师进行深入的研究。

6. 信息技术应用者

在线教师需要有敏锐的信息技术嗅觉，能够将最新的网络信息技术应用于在线教学，提升在线教学的效率与效果。传统教学也需要应用现代信息技术，比如当下流行的智慧课堂建设，就是现代信息技术在传统课堂教学中的先进应用。然而，对于视信息技术应用为生命的在线教学来说，在线教师应掌握和应用更多更好的信息技术来改善和改造在线教学，因此，对在线教师信息技术应用水平的要求普遍高于传统教师。随着时间的推移，在线教师可能会在教学经历、经验上成

第五章　教师的专业发展

为在线教学的"老人",但是,由于信息技术的日新月异,在信息技术的应用上,在线教师永远只能是信息技术应用的"新兵"。

7. 终身学习者

我们身处终身教育时代,每一位社会成员都是终身学习者,都需要进行终身学习。对于在线教师来说,终身学习具有更为重要的意义。随着网络学习资源的日益丰富,学习者已经变成了终身学习者,其不仅可以从在线教师那里获取知识与技能,而且也可以很轻易地从互联网上获取与课程相关的知识与技能,这对于在线教师是一个巨大的挑战。知识已经不再是专属于教师的稀有产品,如果在线教师不是终身学习者,不进行加倍的终身学习,那么,在线教师所传授的知识技能很可能是学习者已经掌握了的或者很容易从互联网上获取的资源。在线教师不仅需要不断学习新的知识与技能,更需要将知识与技能进行提炼与升华,给学习者传授互联网上难以获得的高阶性的知识与技能、理论与方法,培养学习者高阶思维模式。有一句教育界流行的话"要给学习者一碗水,教师须有一桶水",那么在终身学习时代,对于在线教师来说,应该是"要给学习者一碗水,教师须有一缸水"。

不同类型的在线教师在在线教学中扮演不同的角色,比如责任教师是各类教学职能的集大成者,涵盖在线教师的七种角色,即在线课程设计者、在线课程开发者、在线课程教学者、在线课程评价者、在线教学研究者、信息技术应用者与终身学习者角色。主讲教师主要扮演在线课程设计者、在线课程开发者、信息技术应用者、在线教学研究者与终身学习者的角色。辅导教师则主要扮演在线课程教学者、在线教学评价者、在线教学研究者、信息技术应用者与终身学习者的角色。

二、在线教师之专业发展

(一)专业发展之内涵

教师专业发展是当代教师教育研究领域中的一个国际流行的概念,既是学术界研究的热点领域,又是实践中的现实对象。没有一个领域像教师专业发展这样全方位地触及学术、实践和政策领域。

对于教师专业发展,朱旭东强调教师精神在教师专业发展中的重要作用,认为教师专业发展的基础是教师精神、教师知识、教师能力。其中，教师精神是指教师的专业意识、专业思维活动和一般专业心理状态，中国的教师精神应具有中国精神的内涵，也需要有民族精神和时代精神，具有爱国主义精神、改革创新的精神。崔允漷和王少非强调专业实践在教师专业发展中的重要作用，认为教师专业发展即教师专业实践的改善。教师专业发展或许可以从不同的路径，借助于不同的内容来切入，但最终必须指向专业实践的改善。孙宽宁立足"互联网+"时代的教师发展，认为教师的专业发展本质上是一种朝向主体完善的活动，越是在教育资源丰富的情况下，越需要教师以强烈的主体意识和鲜明的主体立场来引导和规约自我的实践，成为信息海洋的弄潮儿。杨骞则基于教师专业发展的实践，将教师专业发展归纳为"五部曲"：学习教育理论，在理性认识中丰富自己；反思教学实践，在总结经验中提升自己；尊重同行教师，在借鉴他人经验中完善自己；投身教育研究，在把握规律中超越自己；坚持教学相长，在师生交往中发展自己。总的说来，教师专业发展应注重教师精神与主体意识的培养、专业知识的丰富、教学能力的提升以及在教学实践中的历练。

在线教师的专业发展是教师专业发展在在线教学领域的延伸，是对教师专业发展的传承与创新，是在线教师专业化的必由之路。在线教师的专业发展需要在线教师注重教师精神与主体意识的培养、专业知识的丰富、教学能力的提升。同时，更需要在线教师立足在线教学实践，树立在线教学价值观、了解在线教学趋势、掌握在线教学规律、熟悉在线教学的方法与技术。

（二）专业发展之进阶

在线教师专业发展是在线教师价值发展、知识发展与能力发展的三位一体。在线教师的价值发展是指在线教师基于在线教学形成新的价值观，如基于在线教学的特点形成开放共享的在线教学理念等；在线教师的知识发展是基于在线教学形成全新的在线教学知识体系，包括在线教学基础知识、基本规律、发展趋势等；在线教师的能力发展是基于在线教学形成专门的在线教学方法与技术。在线教师专业发展是一个循序渐进的过程，而"正心、取势、明道、优术、化生"是在线教学的基本逻辑，也是在线教师专业发展的渐进路径。

1. 正心

"正心"即正确的心态、良好的境界，其重在"正"。"正心"旨在培养在线教师正确的心态与高尚的境界，引领在线教师树立"立德树人之初心、律己立己之决心、开放共享之公心、桃李天下之爱心",帮助在线教师理解和热爱在线教学,促进在线教师全身心地投入在线教学,投入到立德树人根本任务的实现中。学习者如果不想学习,不愿意学习,那么学习者的学习成绩一定不会好。同样,对于教师来说,如果教师不想教,不想提升自己,甚至对在线教学产生抗拒感,那么教师一定难以胜任在线教学。为此,在线教师首先需要"正心",通过摆正心态,提升境界,乐于将自身奉献给在线教学。

2. 取势

"取势"即获取在线教学之趋势,其重在"取"。我们身处"互联网+"时代,在社会经济与信息技术的快速发展下,万事万物各有其趋势,有大的趋势,也有小的趋势;有有形的趋势,也有无形的趋势。因此,"取势"关键在于"取",即获取在线教学的大趋势、正确的趋势。"取势"旨在培养在线教师的大局意识,拓展在线教师的在线教学视域。作为在线教师,不仅要了解在线教学发展之势,还需要了解在线教育发展之势、信息技术发展之势。了解在线教育的蓬勃发展之势,就能对自身的职业更有信心;了解在线教学发展之势,就能顺应在线教学发展之潮流,采取最合适的教学模式开展在线教学,比如,在当下直播教学流行的今天,应用网络直播实施在线教学或许更适合学习者的学习;了解信息技术发展之势,就可以应用最新的信息技术实施在线教学,也可以引导和帮助学习者掌握最新的在线学习技术,提高学习者的学习效率与效果。

3. 明道

"明道"即明白在线教学之规律,其重在"明"。"明道"的关键是要在线教师真正明白在线教学规律并能将其应用于在线教学的实践之中。为此,"明道"旨在帮助在线教师明白在线教学的规律、丰富在线教学的理论,指导在线教学的实践。在线教师只有掌握了在线教学的基本规律,才有可能在教学实践中遵循这些规律,顺利实施在线教学。然而,明道并不容易。就如"以学习者为中心"这一理念,绝大多数的在线教师都知道,但是真正能够将该理论融入骨子里、融入在线教学的实践中却并非易事。在线教学属于新生事物,对于在线教师来说,不仅要明白在线教学的现有规律,更要自身去研究和探索尚未发现的规律。

4. 优术

"优术"即优化方法与技术,其重在"优"。"优术"旨在引领在线教师扎根在线教学实践,提升在线教学能力。

人与生俱来就有各种"术",如攀爬之术、觅食之术、学习之术、亲昵之术、咿呀之术等。身为在线教师,通常已经通过了专门的师范教育训练,已经掌握了基本的在线教学技能,既已为人师,自不会教学无"术"。但是,由于在线教学是一种新生事物,在线教师仍需要基于已有的教学经历经验,进行优化提升,所以叫作"优术"。"优术"之"术"不仅指技术,更是指方法。对于在线教师来说,"优术"就是要立足教师现有的教学方法与技术,结合在线教学规律与信息技术发展成果,形成自身的在线教学方法与技术。从在线教学的流程看,在线教师的"优术"包括在线课程设计之术、在线课程开发之术、在线课程教学之术、在线课程评价之术等。

当然,"优术"并非易事,因为"术"难以顿悟,只能渐修。"优术"考量在线教师的耐力。"优术"是消耗时间和精力最多的累活、苦活,因而需要时间的沉淀。由于在线教学涉及面广,在线教师要熟练掌握在线课程的设计、开发、教学、评价的方法与技术并不容易。比如,悟"以学习者为中心"之道易,融该理论于在线教学中则难。

5. 化生

"化生"即化而生之,其重在"化"。"化生"是对"正心、取势、明道、优术"过程与成果的消化与吸收、凝练与升华。"化生"的手段是研究。在线教师通过对在线教学研究的开展,提升自身的修养与境界、能力与水平,使得自身真正成为一名专业化的在线教师。"化生"是理实一体、教学一体的实现过程,也是从实践到理论再到实践的升华过程,是在线教师专业发展的必由之路。

(三)专业发展之修炼

在线教师的专业发展,关键在于在线教师自身的修炼。修炼,也可视作修练,是"修"与"练"行为的融合。其中,"修"即修炼、研习,是通过"修"来获取、领悟事物发展的规律,掌握工作、实践的方法;"练"即践行、行动,是"知行合一""学以致用",是利用"修"的成果以及所掌握的事物发展规律与工作方法进行实践。

在线教师的修炼,是指通过在线教师依据专业发展路径进行"修"与"练",促进自身对在线教学的理念、规律、方法、技术的掌握,促进自身在线教学修养与境界、知识与能力的提升,最终成为一名专业的在线教师。在线教师修养与境界的养成、知识与能力的提升蕴含于"正心、取势、明道、优术、化生"

的专业发展路径中。

在"正心"环节,需要在线教师修习"立德树人之初心、律己立己之决心、开放共享之公心、桃李天下之爱心",形成在线教学的正确心态与高尚的在线教学境界。

在"取势"环节,需要在线教师获取与分析信息技术、在线教育与在线教学的发展趋势,拓宽在线教学的视域,提升在线教学的格局。

在"明道"环节,需要在线教师研习在线教学规律,明白在线教学本质与本原,将其内化于心、外化于行,以指导在线教学实践。

在"优术"环节,需要在线教师在开展在线课程的设计、开发、教学与评价工作中提升自身的专业能力。通过在线课程设计实践,提升自身的设计力;通过在线课程的开发、教学与评价,提升自身的教学力;通过在线教学过程中的媒体应用,提升自身的信息力。

在"化生"环节,需要在线教师开展在线教学研究,提升自身的研究力,通过对"正心、取势、明道、优术"过程与成果的消化与吸收、凝练与升华,促使自身真正成为一名专业的在线教师。

在线教师专业发展的过程,也是在线教师自身修炼的过程,两者合二为一,方能促进在线教师的价值发展、知识发展与能力发展。

参考文献

［1］王建华，卢鸿鸣，缪雅琴．基础教育质量综合评价理论与实践研究［M］．长沙：湖南教育出版社，2019.

［2］王彦．基于学生发展核心素养的学科教育创新［M］．长春：吉林人民出版社，2020.

［3］王艳辉．校本教研实践与教师专业发展［M］．长春：吉林人民出版社，2020.

［4］王长顺主编．陕西基础教育教学改革与教师教育的理论与实践［M］．西安：陕西人民出版社，2020.

［5］张志峰．教师专业发展及其工作体验与校本教学研究［M］．苏州：苏州大学出版社，2019.

［6］温恒福．中国基础教育改革的原理与方法［M］．北京：教育科学出版社，2019.

［7］孙宽宁，路书红．基础教育改革专题［M］．北京：教育科学出版社，2018.

［8］李学书．指向核心素养的课程整合［M］．福州：福建教育出版社，2020.

［9］张怀斌．基础教育与教学研究［M］．西安：陕西师范大学出版总社，2019.

［10］何云峰．现代基础教育研究［M］．上海：上海教育出版社，2019.

［11］任翔．教师阅读与基础教育［M］．济南：济南出版社，2018.

［12］娜仁高娃．基础教育场域论［M］．重庆：重庆大学出版社，2018.

［13］江芳，杜启明．基础教育热点问题研究［M］．北京：中国商业出版社，2019.

［14］查建华，于海洪．基础教育本质新论［M］．成都：西南交通大学出

版社,2017.

［15］陈莉欣．基础教育管理与质量评价［M］．北京：世界图书出版公司,2018.

［16］杨伟东．基础教育教学课题研究十八问［M］．郑州：大象出版社,2019.

［17］周仲飞．基础教育近观［M］．杭州：浙江大学出版社,2016.

［18］周序．高考改革与基础教育变革［M］．杭州：浙江教育出版社,2017.

［19］吴庆国,张效宇．多元视角下的基础教育［M］．长春：吉林大学出版社,2017.

［20］杜彦武．地方大学数学教育与基础教育互动发展研究［M］．长春：吉林出版集团股份有限公司,2019.